편의점에서 잠깐

편의점에서 잠깐

정호승 시집

창비

차례

제1부

012 패배에 대하여

014 진심에 대하여

015 어리석음에 대하여

016 추락

017 술잔을 앞에 놓고

018 빈 술병

019 낙엽을 쓰는 사람

020 연필을 깎으며

022 편의점에서 잠깐

024 순댓국을 먹으며

025 가난한 사람

026 남자 화장실을 청소하는 여자

028 강물 같은 사람

029 낙뢰(落雷)

030 폭포

031 담배꽁초

032 구혼(求婚)

033 몽돌

034 　벚꽃

035 　관(棺)을 짜는 남자

036 　무게에 대한 생각

038 　쓰레기

040 　쓰레기

041 　현관문

042 　낙하(落下)

제2부

044 　마음을 먹었다

046 　마음의 주인

048 　마음이 가난해지기 위하여

050 　마음이 가난한 사람

052 　마음으로 가는 길

053 　점심(點心)

054 　불심(佛心)

056 　슬프고 아름다운

057 　기도하는 법

058 　연등

059 　죽비

060 　아라연꽃

061 　무명초(無明草)
062 　시간에 대한 감각
064 　돌탑
066 　양심을 찾아서
068 　양심선언
070 　저녁 시간
071 　눈사람
072 　설산(雪山)을 바라보며
073 　칼과 풀잎
074 　거미줄에 걸린 거미
076 　절대정지
078 　바보주막
079 　심장마비

제3부

082 　거기 누구 계시온지
083 　지진
084 　선택해주세요
085 　마음의 성지(聖地)
086 　겨울새
087 　자리갯돌

088	용서를 위한 기도
090	물 한잔
092	어디 가는 길이세요
094	작은 그릇 하나로
095	천사에 대한 질문
096	횡단보도
097	이 손수건으로
098	당신이 아니면
100	당신의 잔
102	당신의 발아래
103	서울역 비둘기
104	다음에 또 만나요
106	슬퍼도 아름답게
107	슬픔의 그림자
108	눈사람
110	노숙인발생신고서
112	다시 성자(聖者)를 기다리며
114	퇴로(退路)
115	장마

제4부

- 118 　천벌
- 119 　낙담
- 120 　사랑하기 위하여
- 121 　닻과 돛
- 122 　버팀목
- 124 　우리가 사랑하는 시간은
- 125 　바둑
- 126 　우산도 없이
- 127 　주상절리
- 128 　종이학을 접으며
- 129 　당신을 만나기 전부터
- 130 　오죽하면
- 132 　기차는 떠났어요
- 134 　당신 뜻대로
- 135 　물속의 달
- 136 　어제에게 받은 편지
- 138 　내일에게 받은 편지
- 139 　등대
- 140 　마음이 떠났다
- 142 　빼앗긴 마음

143	첫눈이 내릴 때마다
144	사랑이 끝났을 때
146	고백
147	마침내
148	이별의 기도

제5부

152	당신이 인간이라면
153	물새들을 따라가 물을 마신다
154	엎질러진 물
155	하루를 기다리며
156	새에게 부탁함
157	찬밥
158	공중전화 부스
160	숟가락을 생각함
162	견인(牽引)
164	축대
166	내리막길
167	나의 멱살에게
168	구걸
170	사막을 건너는 법

172 오늘의 낙타

173 심부름

174 거미줄에서

175 쥐

176 바람의 눈물

177 식물인간 향후추정서

178 요양병원

180 마지막 희망

181 풀잎

182 하동포구에서

183 극락조

184 해설 | 오연경

198 시인의 말

제 1 부

패배에 대하여

나는 패배가 고맙다
내게 패배가 없었다면
살아남을 수 없었을 것이다

살아남기 위해
패배한 것은 아니지만
나는 패배했기 때문에 살아남았다

한때는 패배했기 때문에
분노의 절벽에서 뛰어내리고 싶었으나
분노도 가을바람과 같은 것이었다

그래도 나는 무조건 항복하지는 않았다
인생의 패배자는 없다는 말도
믿지 않았다

내게 패배가 없었다면
나는 당신을 사랑할 수 없었을 것이다
내가 패배했기 때문에 당신은

나를 사랑할 수 있었다

진심에 대하여

진심은 입이 없다
진심은 말을 하지 않는다
진심이라고 말하는 순간
진심이 아니다

진심은 귀가 없다
진심은 소리가 없다
말하지 않아도 듣고
들리지 않아도 듣는다

진심은 눈이 없다
보이지 않아도 본다
진심은 보여주는 순간
진심이 아니다

사랑은 가고 분노만 남아도
진심은 분노하지 않는다
분노의 겨울에도
꽃을 피운다

어리석음에 대하여

사람들이 나를 어리석다고 말할 때마다
나는 생각한다
어리석기 때문에 현명하다고
어리석음은 나를 현명하게 한다고

오늘도 배가 고파 밤송이를 통째 삼켜버려도
전세보증금을 돌려받지 못하고 이사를 가도
어리석음은 나의 재산이다
어리석은 현명함은 나의 유일한 재산이다

잃는 것이 얻는 것이라고
심장에 칼이 꽂힌 채 눈길을 걸으면
부자에게 돈을 빌려주고 돌려받지 못한
어리석은 사람만이 내 손을 잡아준다

사람이 어리석어서 죽는 것이 아니라
어리석어서 살아가는 것이라고
어리석은 자만이 영원한 자유를 얻는다고
내 손을 더욱 따뜻하게 잡아준다

추락

추락을 경험해보지 않은 새는 날지 못한다
비상이 추락이 되는 순간
추락하는 자신을 미워하지 않는다

이별을 경험해보지 않은 자는 사랑하지 못한다
사랑이 이별이 되는 순간
이별하는 당신을 미워하지 않는다
이별 또한 사랑하는 마음에 속한다

추락할 때 새는 날개에 힘을 주지 않는다
바람이 불어오기를 기다리지 않는다
오직 북풍을 미워한 죄 사함을 청한다

이별은 다시 만날 날을 약속하지 않는다
핸드폰을 강물에 빠뜨려도 건지지 않는다
오직 사랑한 죄밖에 없어도 죄 사함을 청한다

술잔을 앞에 놓고

술잔을 앞에 놓고 우는 사람을 보면
그 사람 곁에 가 앉고 싶다

술잔을 앞에 놓고 눈물 흘리는 사람을 보면
그 사람과 말없이 술을 마시고 싶다

술잔을 앞에 놓고 울다가 웃다가
술잔을 바닥에 떨어뜨리는 사람을 보면
그 사람의 술잔이 되어주고 싶다

술잔을 앞에 놓고 우는 사람을 보면
그 사람 술값을 내가 계산하고 싶다

나도 사랑도 돈도 없이 빈 술잔을 앞에 놓고
혼자 울던 때가 있었다

빈 술병

나는 빈 술병만 보면 꽃을 꽂는다
빈 술병에 꽃을 꽂으면 죽은 꽃이 살아난다
죽은 모든 꽃이 살아나 향기롭다

죽었다가 다시 살아나는 꽃을 보면서
나는 빈 술병에 가득 든 술을 마신다
밤새도록 마신다

마시면 마실수록 빈 술병에는 술이 가득하다
부디 말리지 마라
나를 사랑한다고 걱정하지 마라

나에게도 만취의 순간이
나의 일생일 때가 있다
죽은 꽃이 계속 피어날 때가 있다

낙엽을 쓰는 사람

내가 되고 싶은 사람은
낙엽을 쓰는 사람
낙엽을 쓸면서 마지막으로
가을이 되는 사람

내가 되고 싶은 사람은
낙엽을 쓸면서 웃는 사람
낙엽이란 낙엽은 모두 쓸며 웃다가
낙엽 쓸던 빗자루가 되는 사람

내가 되고 싶은 사람은
쓸어 모은 낙엽을 태우는 사람
낙엽을 태우다가 그만
불타는 낙엽이 되는 사람

연필을 깎으며

새벽에 홀로 일어나
찬물에 세수를 하고
연필을 깎으며 나를 깎는다

죽은 나뭇가지 같은 분노를 깎는다
너의 손을 잡고
절벽 아래로 뛰어내리고 싶었던
내 분노의 눈물을 가늘게 깎는다

피는 나지 않는다
결코 칼을 내려놓지 않았던
분노에 가득 찬 손이 고요해진다

싸락싸락
창밖에는 싸락눈 걸어오는 발소리
분노의 강을 건너며
거칠게 소용돌이치던 물결 소리가 고요하다

사각사각

새벽에 홀로 일어나
연필을 깎으며
나를 미워하던 나에게 용서를 청한다

편의점에서 잠깐

늦은 밤 편의점 계산대 앞에서 당신을 만나다니
당신은 맥주를 사러 왔고 나는 라면을 사러 왔는데
편의점 계산대 앞에 줄을 서서
죽기 전에 잠깐 당신을 만날 수 있다니

내가 그토록 사랑했던 당신은 아직도
겸손의 손으로 캔맥주를 들고
당신이 그토록 미워했던 나는
교만의 손으로 컵라면을 들고 그리운 눈인사를 나누며
아직도 사랑하는 척 부모님 안부를 묻는다

작년에 두분 다 돌아가셨다고
어머니 돌아가신 지 벌써 몇해나 되었다고
공연히 부모님 안부를 나누는 거짓의 입술에
돌아가신 부모님만 또 돌아가신다

이미 우리의 계산은 다 끝났다
우리는 서로의 이익을 계산하다가 돌아서서
결국 무엇이 순익(純益)인지 알지 못하고

사랑이 죽음이 되는 시간은 흘러
오늘 편의점 계산대 앞에서 다시 만났으나

당신이 산 캔맥주는 당신이 계산하고
내가 산 컵라면은 내가 계산한다
편의점에서 사랑을 판매한다 해도
할인가로 사랑을 살 수 있다 해도
우리는 다시 사랑할 수 없는 불량품

오늘 밤 편의점의 흐린 불빛은
우리가 함께 거닐었던 항구의 불빛처럼 쓸쓸하다
잘 가라 우리가 비록 편의점에서 잠깐 만났다 할지라도
부둣가를 밝히는 검은 불빛을 따라
또다시 밤배는 떠나간다

순댓국을 먹으며

비 오는 날이면 순댓국을 먹는다
겨울비 오는 날에는 파전에 막걸리가 좋지만
봄비 오는 날에는 순댓국이 좋다

순댓국을 먹으면 그치지 않는 눈물이 그친다
죽은 팔다리에 새순이 돋아
봄눈 내리는 보리밭 길을 걸어갈 수 있다

순댓국에 소금을 조금 타서 먹으면
과거를 변화시키고 싶은 마음이 없어진다
이별이라는 과거도 아름다워진다

순댓국은 서로 겸손하다
순댓국은 스스로 낮아지고 가난하다
순댓국을 먹는 사람들은 평화롭다

가난한 사람

별을 바라보는 사람은 가난하다
별을 바라보다가
별똥별이 되어 사라지는 사람은 가난하다

꽃을 바라보는 사람은 가난하다
꽃을 바라보다가
인간의 아름다움이 부끄러워
한송이 지는 꽃이 되는 사람은 가난하다

가슴속에 새를 키우는 사람은 가난하다
새가 날아갈 수 있도록 드디어
가슴의 창문을 활짝 열어주는 사람은 가난하다

진흙으로 빚은 귀를 지니고
봄비 오는 소리를 듣는 사람은 가난하다
밤새워 봄비 소리를 들으며
흙 속을 기어다니는
벌레가 된 사람은 더욱 가난하다

남자 화장실을 청소하는 여자

거룩한 여자
지하철 남자 공중화장실을 청소하는 여자
짜장면을 사주시던 엄마 같은 여자
김장 백포기를 혼자 하시던 어머니 같은 여자
간호사로 독일 간 누님 같은 여자
기어이 나를 차버린 애인 같은 여자
아직도 나와 함께 사는 아내 같은 여자
집 나간 아들
철없는 남편 같은 남자들을
고요히 미소로써 맞이하고 화장실이 되는 여자
남자 소변기를 손걸레로 정성껏 닦는 여자
소변기 앞에 흘린 오줌을 눈물처럼 여기고
가끔은 손수건을 꺼내 닦아주는 여자
아침이면 좌변기 칸칸마다 드나들며
두루마리 휴지가 되어주는 여자
화장실에서 잠든 술 취한 노숙자의 겨울이면
남몰래 담요 한장 덮어주는 여자
다 닳은 빗자루와 쓰레받기 같은 여자
두 손 모으고 기도드리고 싶은 여자

하루 종일 엎드려 절하고 싶은 여자
이 세상 해우소가 되어주는 여자

강물 같은 사람

당신은 강물 같은 사람
낙동강 맑은 강물 소리 같은 사람
아침 강가에 반짝이는 윤슬 같은 사람

당신은 강물에 떠다니는 빈 배 같은 사람
빈 배에 내리는 별빛 같은 사람
빈 배에 별빛만 가득 싣고 돌아오는 사람

당신은 겨울강에 내리는 함박눈 같은 사람
얼어붙은 강물에 봄이 오게 하는 사람
강물에 빠진 사람을 건지는 사람

낙뢰(落雷)

여름날 벼락이 내리칠 때
왜 나무가 벼락을 맞아 쓰러지는지
죄는 인간이 짓고
벼락은 나무가 맞아야 하는 이 억울함을
그 누구에게 호소해야 하는지
모든 나무는 일생에 한번은
죄 많은 인간을 대신해 벼락을 맞는다고 해도
올여름부터는 내 분노의 기도가 하늘에 닿아
나무에게 벼락이 떨어지지 않기를
나무에 앉은 새에게도 벼락이 떨어지지 않기를
부디 나무만은 번개가 쳐도
고요한 천둥소리를 듣게 되기를
나무는 죄가 없으므로
죄는 인간에게 있으므로
벼락이 떨어지려면 반드시
죄 많은 인간인 나에게 떨어지기를

폭포

폭포가 가장 아름다울 때는
폭포수가 흘러내리지 않을 때다
폭포의 물줄기가 말라
빈 폭포가 되었을 때다
폭포가 절벽이 되었을 때다
그리하여 절벽이 가장 아름다울 때는
절벽이 폭포가 되었을 때다
직선의 곧은 소리보다
구부러진 곡선의 폭포 소리가
인간의 마음의 소리로 들릴 때다

담배꽁초

짓밟지 마라 함부로
나도 한때 뜨거운 사랑의 불꽃이었다
내 비록 불꽃은 꺼지고 재를 날리고
길바닥에 내던져졌으나
기억하라
비를 맞으며 담벼락에 기대어
서로 뜨겁게 사랑했던 비 오는 날의 순간을
모든 순간의 영원함을
나는 당신을 위해 타오르는 영원한 불꽃
나에게는 아직 당신의 가슴을 뜨겁게 지필
젊은 날의 사랑이 남아 있다
립스틱 붉게 바른
당신의 부드러운 입술이 남아 있다

구혼(求婚)

이제 인간에게 구혼하지 않는다
새에게 구혼한다
그동안 지은 죄는 좀 많지만
아직 살아갈 날이 며칠 남아 있으므로
까마귀보다는 참새에게
참새보다는 박새에게 구혼한다
저축해놓은 돈은 없고
부모님은 일찍 돌아가셨지만
새에게 구혼하는 일이야말로
내가 인간이 되는 일이다
새와 결혼하는 일이야말로
내 인생에 가장 기쁜 일이다

몽돌

저 작고 둥글고 단단한 어여쁨
단 한순간도 쉬지 않고 달려드는 파도에
온몸을 내맡기는 견딤의 아름다움
부드럽고 견고한 인내의 힘
항상 모나지 않게 살라고 타이르시던 어머니의 심장
오늘 나는 남해 몽돌해변을 걸으며
돌의 꽃
저 헌신의 눈빛에 허리를 굽히고 입을 맞춘다
차르르 쏴르르 쏴아
파도에게 자신을 다 바치는 몽돌 구르는 소리에
니가 참아라
니가 안 참으면 누가 참노
돌아가신 어머니의 목소리가 들린다

벚꽃

꽃은 죄가 없다
꽃을 바라보는 인간에게는 죄가 있다
만개한 벚꽃을 배경으로
저마다 스마트폰으로 사진을 찍으며
스스로 꽃이 되었다고 여기는
스스로 아름답다고 득의만면하는
인간에게는 죄가 많다
바람이 불어오지 않아도
벚꽃이 소리 없이 꽃잎을 떨어뜨리는 것은
죄 많은 인간이 보기 싫기 때문이다
꽃은 아름다움을 잠시 빌려줬을 뿐
인간을 아름답게 한 적은 없다
죄의 꽃으로 태어나
인간의 죄를 아름답게 한 적이 없다

관(棺)을 짜는 남자

그는 평생 정성껏
다른 사람의 관을 짜며
기뻐하며 살았으나
해가 지고
다시 아침이 오지 않을 때
겨울이 가고
다시 봄이 오지 않을 때
정작 자신의 관은 짜지 못하고
죽었다

무게에 대한 생각

죽은 사람은 무겁다
손을 잡아도 무겁고 껴안아도 무겁고
일으켜 세우려 해도 무겁다
죽음의 무게가 더해졌기 때문이다
살아 있을 때보다
도대체 얼마나 더 무거워졌는지
그 무게를 알 수 없다

살아서 걸어가는 사람은 가볍다
아무도 자신의 무게를 의식하고
걸어 다니지 않기 때문이다
특히 서로 사랑하는 사람은 무거워도 가볍다
손을 잡아도 가볍고 팔짱을 껴도 가볍고
여관방에서 서로 사랑을 나누어도 가볍고
모든 연인들은 가볍다

그래도 죽은 사람도
화장(火葬)을 하고 나면 가볍다
흙먼지처럼 바람에 멀리 날아간다

산이든 바다든 어디든 날아간다
화장은 죽음의 무게를 줄이는 일에 철저해
죽어서 화장한 사람만큼
가벼운 사람은 없다

쓰레기

내가 살아생전 듣지 않아야 할 말은
이 쓰레기 같은 놈
내가 죽어서도 듣지 않아야 할 말은
그 사람 쓰레기야 쓰레기
내가 살아서든 죽어서든 결코 듣지 않아야 할 말
쓰레기 같다는 말을 들을 것 같아
쓰레기봉투를 버리러 갈 때마다 가슴이 두근거린다
쓰레기 분리수거함 앞에 서서
내가 일반 쓰레기인지 음식물 쓰레기인지 재활용 쓰레기인지
내가 플라스틱인지 비닐인지 스티로폼인지
곰곰 생각하는 일은 슬프다
나는 쓰레기가 되더라도 재활용 쓰레기는 되지 않아야 한다
공연히 불연성 쓰레기가 되는 일은 없어야 한다
불에 타 재가 되는 쓰레기가 되어야 한다
썩어 거름이 되는 쓰레기가 되어야 한다
난지도 쓰레기 더미에 불이 나
밤하늘을 환히 밝히던 쓰레기처럼 불타다가

재가 되어 흙이 되고 거름이 되는
쓰레기가 될 수 있다면
나는 살아생전 쓰레기가 되어도 좋다
죽어서도 쓰레기가 되어도 좋다

쓰레기

나를 만나려거든
쓰레기장으로 오시게
평생 밥을 많이 먹어
음식물 쓰레기가 된 나를
평생 돈을 찾아다니다가
재활용 쓰레기가 된 나를
남을 용서하지 못하고
분노를 다스리지 못해
결국 소각용 쓰레기가 된 나를
그래도 찾아오고 싶다면
쓰레기장으로 오시게
수거해 가기 전에
어서 오시게

현관문

현관문을 나설 때
다시는 못 볼 순간이라고 생각하라

아침에 무거운 가방을 들고 현관문을 나설 때
지금 이 순간이 마지막 순간이라고 생각하라

밖에 나갔다가 밤늦게
늘 현관문을 열고 돌아오지만
언젠가는 현관문을 열고 돌아오지 못할 때가 있다

슬퍼하지 마라
누구에게나 현관문을 나서는 마지막 순간이 있다

현관문에서 잘 다녀오라고 인사하던 그 순간이
다시는 못 볼 순간이 될 때가 있다

낙하(落下)

떨어질 때는 떨어질 데를
살펴보지 말아야 한다
떨어지면 떨어지는 대로 떨어져야 한다
그곳이 비록 지옥의 감옥이라 할지라도
감옥이 되면 되고
천국의 쓰레기 더미라 할지라도
쓰레기가 되면 된다
나는 한때 튀는 빗방울로 길바닥에 떨어지고
폭포의 물줄기로 바다에 떨어지고
거칠고 단단한 바윗덩어리로
절벽 아래로 굴러떨어지고
가을을 기다리는 푸른 사과로
땅바닥에 툭 떨어졌으나
이제는 떨어져도 떨어질 바닥조차 없어
밤마다 작은 별똥별로
당신의 가슴속으로 떨어진다

제 2 부

마음을 먹었다

마음을 냉장고에 넣었다
증오하는 마음보다 사랑하는 마음을 냉장실 상단에 넣었다
당신을 사랑하는 마음만은 한조각도 상하거나 썩지 않게 하기 위하여
우유식빵 곁에 나란히 두고
마음에는 곰팡이가 피지 않을 것이라고 확신했다

마음을 먹는 일이 밥이나 국수를 먹는 일이나 마찬가지인 줄을
봄비가 오는 오늘 아침에 처음 알았다
밥을 먹을 때마다 실은 마음을 먹는 것이다
포스트잇에다 볼펜으로 써 당신 보라고 냉장고 문에 붙여놓았다

마음을 먹으면 배가 고프지 않다
마음은 언제든지 먹을 수 있기 때문이다
나는 그동안 당신이 보고 싶을 때 가장 배가 고팠다
마음을 먹을 줄 몰라 배가 고파도
수돗가에서 물배를 채우던 어린 시절처럼 물이나 한잔 먹

으며 배고픔을 달랬다

 이제 당신이 보고 싶어 배가 고프면 냉장고에 넣어둔 마음을 꺼내 먹는다
 피자 조각 같은 용서의 마음도 꺼내 먹는다
 사랑은 용서로써 완성되는 것이므로
 용서할 수 없으면 사랑할 수 없으므로
 당신을 사랑하기 위하여 피자 한판을 다 먹듯 용서의 마음을 가장 많이 먹는다

 마음은 냉장고에 오래 넣어두어도 썩지 않는다
 먹다 남은 김치찌개도 우유식빵도 오래 두면 썩어 곰팡이가 피지만
 냉장고에 넣어둔 마음은 썩지 않는다
 사람들이 늘 배가 고픈 까닭은 아직도 맛있게 마음을 먹지 않기 때문이다

마음의 주인

마음에도 주인이 있다고
법정 스님은 입적하신 뒤에도 나더러
마음에 따르지 말고 마음의 주인이 되라고
그동안 내가 지은 모든 죄는
마음의 주인이 되지 못했기 때문이라고
내가 인간이 되다가 되지 못한 것도
마음의 주인이 되지 못했기 때문이라고
내 어깨를 아버지처럼 다정히 토닥여주신다
나는 내 마음의 주인을 만나기 위해
영춘화가 핀 어느 봄날
주소가 적힌 종이쪽지를 들고
해 질 무렵 겨우 그의 집을 찾아갔으나
그는 대문조차 열어주지 않았다
불일암 디딤돌 위에 낡은 고무신 한켤레로 계신
법정 스님은 새벽마다 샛별처럼 찾아와
마음의 주인이 되라고 거듭 말씀하시는데
나는 찾아가기만 하면 문 앞에서 쫓겨나
이제 마음의 주인을 만나고 싶지 않다
한때는 목숨까지 바치려고 했으나

어제도 오늘도 내일도 그를 만나지 못하고
송광사 불일암에 봄눈만 내렸다

마음이 가난해지기 위하여

마음이 가난해지기 위하여 침묵하기로 했다
침묵하면 내 입속에 가시연꽃이 핀다기에
침묵함으로써 내 마음이 가난해질 것으로 믿었다

침묵하기 위하여 마음이 가난해지기로 했다
마음이 가난해지면 마음속에 흰 구름이 흐른다기에
가난해짐으로써 침묵의 자세가 완성될 것으로 믿었다

연꽃은 피어나지 않고 입속에 먼지만 가득 쌓였다
마음속에 흰 구름은 흐르지 않고 먹구름만 잔뜩 끼었다
켜켜이 쌓인 먼지를 먹으며 마음이 가난한 스승을 찾아
죽기 전에 그의 제자가 되기 위해 눈길을 걸었다

눈길에 발자국을 버리며 걷는 사람이 있었다
저 멀리 수평선 위로 걸어가는 사람이 있었다
나는 그 사람이 내 가난의 스승이라고 확신하고
그를 좇아 부지런히 바다 위를 걸으며

마음이 가난한 사람만이 바다 위를 걸을 수 있다고

나도 이제 마음이 가난한 사람이 될 수 있다고
생각하는 순간 바다에 빠져 죽었다

마음이 가난한 사람

길을 가다가 은행잎을 줍는 사람
은행잎을 줍다가 낙엽이 되는 사람

길을 가다가 자꾸 넘어지는 사람
넘어져서 그대로 길이 되는 사람

짜장면 한그릇도 나눠 먹는 사람
삼립호빵도 안흥찐빵도 나눠 먹는 사람
막걸리 한잔에 취하는 사람

기차는 달리는데 무임승차한
고향에 한번 가고 싶었던 노숙자한테
자기 자리를 양보하고 통로에 서서 가는 사람

서울역에서 남대문경찰서로 가는 지하도에서
일주일에 한번씩 노숙자들 이발을 해주는 사람

서울역 무료급식소에서 매일같이 밥을 나르고
설거지하는 사람

설거지하다가 수저통에 들어가 숟가락이 되는 사람

아침마다 새들에게 모이를 주는 사람
모이를 줄 때마다 싸우지 말고 많이 먹으라고
어미 새처럼 말하는 사람

봄이 오면 꽃샘바람으로 불어오는 사람
꽃나무 가지 꺾어 항아리에 꽂았더니
저절로 피어난 홍매화 같은 사람

모든 사람이 다 천국에 가도
가야 할 천국이 없는 사람

마음으로 가는 길

마음으로 가는 길에 길이 없어도 길을 떠났다
먼동이 트고 새벽안개가 걷히자
멀리 마음으로 가는 길가에
냇물 흐르는 소리가 들리고
냇가에 내가 사랑하는 여자가 주저앉아 울고 있다
나는 여자의 울음이 그치기를 기다리며
서둘러 선암사 승선교 같은 돌다리를 놓았다
돌다리 아래로 맑은 냇물이 흐른다
나는 돌다리 위에 서서
어미 오리가 새끼들과 물살을 헤치며 오가는 것을
물끄러미 내려다보며
내가 사랑하는 여자가 울음을 그치고
돌다리를 건너오길 평생을 기다렸다
여자는 오지 않고 돌다리만 와르르 무너졌다
나는 마음으로 가는 길을 가지 못하고
그만 돌다리에 파묻혔다

점심(點心)

내 마음이 흰 눈 내린 들판이라면
그 들판에 발자국 하나 찍으면 되나

내 마음이 흘러가는 강물이라면
그 강물에 조약돌 하나 던지면 되나

내 마음이 검푸른 허공이라면
허공에 새 한마리 날아가다가 사라지면 되나

내 마음이 캄캄한 밤하늘이라면
밤하늘에 샛별 하나 빛나면 되나

오늘도 더러운 내 마음
걸레로 닦을수록 더러워지는 내 마음에

눈길에 난 새 발자국 같은
당신이 남기고 간 발자국 하나

불심(佛心)

　나에게도 불심이 있다는 사실을 의심한 적은 없다
　사람은 누구나 불심을 지니고 있다고 늘 가르침을 받았으므로
　나도 긍지를 가지고 인간이 되려고 노력해왔으나
　베란다에 있는 화분을 모두 거실로 옮겨놓은 어느 겨울날
　아내의 목덜미로 기어가는 개미 한마리를 보았다
　연달아 개미들이 이 화분에서 저 화분으로 줄지어 옮겨가는 것을 보았다
　얼른 손가락으로 개미들을 눌러 죽여
　개미의 작은 시체를 화분에 거름으로 넣어주었다
　개미들은 밤이 깊으면 어둠 속에서 계속 기어 나왔다
　나는 한밤에도 일어나 불을 켜고 개미들을 죽이기 시작했다
　거실의 화분에 집을 짓고 사는 개미들이 박멸될 때까지
　부지런히 오른손 집게손가락으로 개미들을 눌러 죽이는 데에 최선을 다했다
　그러다가 문득 개미 한마리가
　인도에서 사 온 손바닥만 한 석불(石佛)의 머리 위로 기어오르는 것을 보았다

나는 그 개미도 바로 비벼 죽였다
그때 들렸다 부처님의 음성이
개미가 바로 너의 어머니다

슬프고 아름다운

대장경을 머리에 이고
봄날에 걸어가네
기어이 찾아온
이별의 순간을 위하여
대장경이 꽃으로 피어나네
선암사 선암매(仙巖梅)로
화엄사 화엄매(華嚴梅)로
죄는 벌이 되고
벌은 꽃으로 피어나
세상 모든 이별의 눈물이
슬프고 아름답네

기도하는 법

혼자 있지 말고 홀로 있을 것
외로워하지 말고 고독할 것
굳이 무릎 꿇고 두 손을 모으지 말 것
하늘을 우러러보다가 땅을 볼 것

아무것도 원하지 말고
원하는 것은 모두 버릴 것
버릴 수 없으면 일어나 길을 걸을 것
길을 걸으면서 다시 버릴 것

흘러가는 마음을 붙잡지 말고
흘러온 마음을 내쫓지 말고
사랑이 증오가 되어도 울지 말 것
증오가 사랑이 되면 감사할 것

용서해달라고 청하지 말 것
용서하게 해달라고 청하지 말 것
용서할 수 없으면 용서하지 말 것
돌아가신 어머니를 다시 만날 것

연등

초파일 날 밤거리를 걸으면
이 나뭇가지에서 저 나뭇가지에
연등으로 걸려 있는 나를 보고 놀라
뒷골목으로 얼른 도망칠 때가 있다
단 한푼도 연등 값을 내본 적이 없고
등을 밝혀 내 마음을 맑고 바르게 해보겠다고
발심(發心) 한번 해본 적이 없는 나를
누가 저 거리의 등불로 매달아놓았는지
누가 나를 점등했는지
오늘도 나는 나를 외면한다
종로 밤거리를 오가는 사람들이
연등으로 걸린 나를 보고
합장 미소하며 지나갈 때마다
나는 등공양(燈供養)을 한 적이 없다고
인간의 길을 밝힌 적이 없다고
저 거리의 돌멩이로 나뒹굴고 있다고
멀리 소리치며 도망간다

죽비

지리산 화엄사에서 죽비 한대
조계산 선암사에서 죽비 두대
봉황산 부석사에서 죽비 다섯대
가야산 해인사에서 죽비 열대 얻어맞고도
사랑하는 당신 생각
보고 싶은 당신 생각 떨칠 수 없어
당신을 생각하는 것이야말로
바로 보는 마음이라고 생각하다가
당신을 사랑하는 것이야말로
진정 알아차리는 마음이라고 생각하다가
영축산 통도사에서 죽비 한대 또 맞고
이번에는 성벽이 무너지듯
양쪽 어깨가 무너져 내려
나는 그만 바람에 흔들리는
적멸보궁 뒤뜰 대나무가 되었네
대숲에 이는 소슬바람이 되었네

아라연꽃

나는 견딤의 꽃
당신의 심장에 피어난 인내의 꽃
내가 한송이 연꽃으로 다시 피어나
마침내 당신을 만날 수 있었던 것은
내 비록 수백년 동안
허물어진 산성(山城)에 파묻혀 있다 할지라도
언젠가는 내 존재의 가장 아름다운 꽃을
피울 수 있는 날이 있을 것이라고
분명히 당신이 나를 기다리고 있을 것이라고
나 자신에 대한 믿음의 작은 절 한채 짓고
기도하고 기다리며 견뎌왔기 때문이다
나에게 기다림이 없었다면
견딜 수 있는 당신의 사랑이 없었다면
나는 단지 썩어가는 한알의 연씨에 불과했을 것이다
나는 기다림의 꽃
부처님을 가장 사랑하는 꽃

무명초(無明草)

잘라도 잘라도 자를 수 없다
자르면 자를수록 들풀처럼 자라나
내 마음의 논밭을 뒤덮어버린다
밝아오는 새벽의 어둠 속에서
너의 뿌리까지 자르려고 결심하였으나
그것은 나의 만용이자 오만이다
나는 이제 너를 자르지 않고
낫을 들고 물러서서
물끄러미 바라보기로 했다
열애의 꽃이 피고
대추나무 열매 같은 정각(正覺)의
붉은 열매가 맺힐 때까지
어둠 속에서도 등불을 들고
걸어가야 할 진리의 순간을
걸어갈 수 있을 때까지
너의 풀숲에서 고요히
새들과 함께 기다리기로 했다

시간에 대한 감각

어머니가 콩나물시루에 물 붓는 시간
안방 구들목에 콩나물이 자라는 시간
아궁이에 솔가지로 군불을 땔 때 솔방울이 맑게 불타는 시간
첫눈 내린 날 누나랑 만든 눈사람이 녹는 시간
몇년째 냉장고에 넣어둔 참깨가 밭에 뿌려져 참깨꽃을 피우는 시간
함안 연밭에 아라연꽃이 피었다가 시드는 시간
박새 한마리가 이 나뭇가지에서 저 나뭇가지로 날아가는 시간
열린 대문 틈 사이로 집쥐 한마리가 휙 지나가는 시간
낙산사 목어가 눈을 떴다가 지그시 감는 시간
의상대 소나무가 바다를 향해 길게 손을 뻗는 시간
먼 수평선에서 달려온 동해의 파도가 절벽에 부딪쳐 산산이 부서지는 시간
하늘의 구름이 바위가 되는 시간
외로운 별들이 별똥별로 떨어지는 시간
운주사 석불들이 가슴께까지 두 손을 모았다가 내리는 시간

와불님이 잠시 일어났다가 돌아눕는 시간
　명동성당의 예수가 십자가에서 내려와 밤새도록 명동 거리를 걷다가
　다시 십자가에 매달려 고개를 숙이고 기도하는 시간
　내가 죽어서도 당신을 사랑하는 시간

돌탑

무너지기를 기다린다
태풍이 불어오는 날
태풍이 되어 와르르 무너지기를 기다린다
무너짐의 찬란한 기쁨을 기다린다
내 고향의 구부러진 산길로 돌아가
다시 산의 가슴이 되기를 기다린다
인간이 산길을 가다가 돌을 주워
정성껏 쌓아 올린다고 해서
내가 탑이 되는 것은 아니다
나는 인간의 탑이 되기를 원하지 않는다
개미와 낙엽과 나무뿌리와 함께
내 운명의 산길에 그대로 있기를 원한다
나는 인간의 소망을 듣지 못하는
인간의 염원을 이루지 못하는
한낱 돌일 뿐 돌멩이일 뿐
인간은 더이상 두 손을 모으고
나에게 기도하지 말라
나는 지금 무너지기 위해 서 있다
나를 향해 기도한다고 해서

내가 석가탑이 되는 것은 아니다

양심을 찾아서

나는 양심이 없다
누가 양심도 없다고 삿대질을 하고 돌을 던져도
끝끝내 양심을 지키는 아름다운 사람인 줄 알았으나
내 양심이 어디로 갔는지 모른다
당신을 사랑하는 뜨거운 입김 속에
길바닥에 떨어져 군홧발에 짓밟히는 당신의 심장 속에
정의의 깃발을 펄럭이며
내 양심은 늘 살아 있는 줄 알았으나
나는 코 푼 휴지처럼 양심을 버린 지 오래다
이제 내 양심을 맛있게 쪼아 먹던 새들은 날아오지 않는다
그래도 죽기 전에 단 한번 인간에 다다르기 위해
헌식대에 겨울새들이 먹을 모이를 듬뿍 뿌려놓고
수서역에서 지하철을 타고 양심을 찾아 나선다
양재역을 지나 압구정역을 지나도
양심은 어디 있는지 보이지 않는다
나는 그만 화가 나서 전동차를 한강에 빠뜨리려고 하다가
안국역에 내려 인사동 골목길을 걸어간다
갑자기 함박눈이 내린다
뜻밖에 천상병 시인이 눈을 맞으며 기다리는

찻집 '귀천' 앞에 내 양심이 동전처럼 떨어져 있다
나는 슬그머니 양심을 주워 호주머니 속에 넣고 다니다가
겨울 종소리를 울리는 구세군 냄비 속에 집어넣었다

양심선언

양심선언을 하기 위해서는 먼저 도망간 양심부터 찾아야 한다
양심은 생쥐와 같아서 꽉 밟지 않으면 어느새 쥐구멍으로 숨어버린다

양심선언을 하기 위해서는 양심부터 깨끗이 씻어놓아야 한다
거짓의 쥐똥은 걸러내고 진실의 심장을 햇볕에 말려야 한다
양심에 곰팡이가 피지 않도록 습기를 제거하고
빨랫줄에 이불 홑청 널듯 널어놓아야 한다

때로는 양심도 인내의 힘을 지닐 수 있도록
대관령 황태 덕장에서 엄동(嚴冬)의 밤을 견디며
겨우내 얼었다가 녹기를 되풀이해야 한다

양심선언을 하더라도 미세먼지가 많은 날에는 하지 말아야 한다
양심도 폐렴에 걸릴 수 있으므로 거짓이 진실의 옷을 입

지 않도록
   대기오염이 없는 쾌청한 날을 기다려야 한다

   양심은 양심에 잘 따르지 않는다
   진실한 거짓말을 진실이라고 믿게 할까봐 늘 두려워한다
   양심이 양심대로 말할 것이라고 여기는 것은 양심에 대한
오해다

   오늘도 나는 당신을 사랑한다고
   당신은 내 인생의 전부였다고
   정장 차림을 하고 무선마이크를 들고 기자들 앞에 섰으나
   내 양심이 어디 있는지 모른다

   내가 버린 것은 아니다
   나는 내 양심을 잃어버렸지 버리지는 않았다
   그래도 사람들은 양심을 버린 놈이라고 나에게 돌을 던
진다

저녁 시간

저녁 시간에는 당신의 발밑에
고요히 머무를 수 있어서 좋다
하루 종일 사람들의 발밑에 짓밟히지 않기 위해
이리 뛰고 저리 쫓아갔으나
해가 지고 서늘한 바람이 불어오는 저녁 시간에는
당신의 발밑에 잠들 수 있어서 좋다
당신의 발밑에는 물 흐르는 소리가 들린다
때로는 아카시아 향기도 난다
멀리서 낙산사 종소리도 들린다
의상대에서 바라본 동해의 파도 소리도 들린다
아침이 올 때보다 저녁이 올 때
내가 가장 머물고 싶은 곳은 당신의 발밑이다
나는 단 한번도 당신의 발밑에 있기를
거부한 적이 없다
오늘 저녁에는 등불을 켜고
내가 당신의 흙 묻은 발을 씻겨드릴 차례다

눈사람

청계천 평화시장 앞
봄이 와도 녹지 않는
가을이 되어도 녹지 않는
눈사람 한 사람

온몸에 휘발유를 끼얹고
근로기준법을 준수하라
절규하며 불을 붙였네

눈사람의 몸에 불이 붙었네
사람들이 급히 달려와 불을 껐지만
불은 꺼지지 않았네
아무리 꺼도 꺼지지 않았네

가을이 가고 봄이 와도
녹지 않는 눈사람
봄이 가고 또 봄이 와도
불타는 눈사람

설산(雪山)을 바라보며

설산을 바라보며 거짓의 옷을 벗는다
사랑은 한 사람에게 모든 것이 되는 것
모든 사람에게 모든 것이 되려고 했던
거짓의 옷을 벗어 세탁기에 집어넣는다

설산을 바라보며 차마 진실의 옷으로 갈아입지 못한다
겹겹이 입은 거짓의 옷을 벗고 알몸은 되었으나
단 한 사람도 사랑하지 못하고 날은 저물고
먼 산에 눈은 내리어 오직 부끄러울 뿐

사랑하면서도 증오했던 순간들을 후회한다
증오하면서도 사랑했던 순간들이 그리워진다
당신 뒤를 따라가다가 따라가지 않았던
내 어리석은 신발을 창밖으로 내던진다

사랑은 모든 것이 한 사람에게 하나가 되는 것
설산을 바라보며 당신에게 가는 길을 다시 찾는다
피 묻은 당신의 옷자락을 끌어안고
당신으로부터 멀리 도망쳐 왔던 길을 버린다

칼과 풀잎

칼은 풀잎이다
사람들이 풀잎을 칼이라고 부를 뿐이다
풀잎에 이슬이 반짝이는 것을 보고
사람들은 칼날이 번뜩인다고 말한다
이제 나의 마지막 소망은
칼을 풀잎으로 만드는 것이다
늙은 어머니를 모시고 오솔길을 걸으면
어머니가 모든 칼을 풀잎으로 만드신다
풀잎에 찔린 사람은 없고
칼에 찔린 사람은 많다
풀잎에 베인 사람은 살아도
칼에 베인 사람은 죽는다

거미줄에 걸린 거미

나는 거미줄에 걸린 거미
먼동이 틀 때까지
이 나뭇가지에서 저 나뭇가지 사이로
거미줄을 만들어놓고
내가 거미줄에 걸려 버둥거린다
버둥거릴수록 거미줄을 빠져나오지 못한다
그동안 내 거미줄에 걸려 죽어간
각다귀야 모기야 하루살이야 미안하다
오직 나 자신만을 위해 살았던
남을 사랑할 줄 몰랐던 나를 용서해다오
이제 내가 거미줄에 걸려 맞이한
이 고죄(告罪)의 차디찬 새벽
거미줄에 걸린 새벽이슬만은 살아야 한다
당신이 아침 일찍 지하철을 타고 환승해서
저 멀리 인간을 벗어나 살아가듯
거미줄에 걸린 아침이슬도
저 멀리 절망의 거미줄을 벗어나야 한다
거미줄에 걸린 오늘의 세계는 죽음뿐이나
거미줄에 맺힌 아침이슬은 햇살을 찬미하고

햇살은 아침이슬을 찬송한다

절대정지

동대구역에서 기차를 타고
서울 수서역 종착역에 도착하면
절대정지
선로 한가운데 서 있는 표지판이 기차를 노려본다
기차는 그 표지판만 보면 달리기를 멈추고 부르르 몸을 떤다
쿵쿵 심장 뛰는 소리가 들린다
나도 한걸음도 내딛지 못한다
기차는 내심 달리고 싶은 것이다
승객들이 다 내리고 나면
남몰래 서울 시내를 한바퀴 휘돌아다니고 싶은 것이다
한강 유람선을 따라 한바탕 수영이라도 하고 싶은 것이다
그러나 절대정지
더이상 달려서는 안 된다
절대감속 절대서행의 시대는 끝나고
지금은 절대정지의 시대
꽃샘추위가 설치는 광화문 길바닥에서 여의도 광장에서
서로 주장하고 미워하고 싸우는 일은 멈춰야 한다
어머니도 절대정지 표지판 앞에서 더이상 걸어가지 못하

셨다
  내가 죽고 나면 니가 우예 살꼬
  걱정만 하시다가 돌아가셨다

바보주막

자신을 바보라고 여기는 사람은 모두 오세요
남들한테 바보라는 말을 듣는 사람도 모두 오세요
돈을 빌려주고 한푼도 받지 못한 사람도
전세보증금을 돌려받지 못하고
쫓겨난 사람도 어서 오세요
퇴직금을 보이스피싱당한 사람은 꼭 오세요
여기는 세상의 모든 바보들이 모여 술을 마시는
무료 주막입니다
수서역 3번 출구로 나오면 바로 보입니다
막걸리에 파전이 맛있습니다
골뱅이무침도 맛있고요
돈은 받지 않습니다
드실 만큼 마음껏 드실 수 있습니다
다만 똑똑한 바보한테는 술값을 받습니다

심장마비

새들도 심장마비로 돌아가실 때가 있다
나무들도 심장마비로 쓰러지실 때가 있다
인간이 서로 미워하고 죽이는 것을 보면
밤늦게 술 취해 퇴근한 아들이
커피를 타주지 않는다고 어머니를 죽이는 것을 보면
초등학교 교사가 자기 학교 학생을
시청각교육실로 유인해 칼로 죽이는 것을 보면
푸른 하늘을 날다가 새들도
심장마비가 와 추락할 때가 있다
나무들도 심장마비가 와
한순간에 뿌리의 피가 다 말라버릴 때가 있다

제 3 부

거기 누구 계시온지

거기 누구 계시온지
거기 누구 없으신지
가도 가도 아무도 보이지 않네

거기 누구 안 계세요?
아무도 안 계세요?
아무리 불러봐도 대답이 없네

제발 문 좀 열어주세요
물 한잔만 주세요
소리쳐 불러봐도 당신은 보이지 않고

거기 누구 안 계세요?
아무도 없어요?
제발 나를 좀 안아주세요

지진

지진이 날 때가 있다 나에게도
강진이 한순간에
내 인생의 고층 빌딩을 와르르 무너뜨릴 때가 있다
갑자기 먼지 돌풍이 불고
사람들이 허옇게 지진먼지를 뒤집어쓰고 달려 나가고
구조대원들이 달려와 무너진 잔해 속에서
켜켜이 구부러진 철근과 콘크리트 틈새를 헤치며
무너져 내린 내 인생의 사망자를 끄집어낼 때가 있다
무너지지 않기 위하여 무너진다는
무너지고 나면 다시는 무너지지 않는다는 나의 믿음은
헛된 믿음일 뿐
당신을 용서하지 않을 때 어김없이 지진이 일어나
피해 복구에 나선 나의 형제들은 말씀하신다
그냥 용서하라고
하느님은 용서하는 일에 피곤해하지 않으신다고
용서해야 지진이 일어나지 않는다고
여진에 붕괴되는 일도 없다고 기도해주신다

선택해주세요

부디 나를 선택해주세요
당신이 흘린 이슬 같은 피를 받아 마시고
당신에게 선택받은 인간이 되게 해주세요
봄눈이 내리고 벌써 노란 영춘화도 피었습니다
내 비록 손이 없어 기도하지 못하고
무릎이 없어 무릎 꿇지 못해도
오로지 선택받은 자의 기쁨을 지니게 해주세요
당신에게 선택받은 이들이 인간이 되어 기뻐할 때마다
나도 인간이 되고 싶어 눈물이 납니다
내 비록 자족하고 감사하는 마음 외에는
아무것도 지닌 것이 없사오나
새들이 먹다 남긴 몇낱의 모이뿐이오나
봄눈이 내릴 때까지 썩지 않은 모과와
가시 돋은 영춘화 가지는 꺾어드릴 수 있습니다
오늘 밤 밤하늘이 별들을 선택하듯
나를 선택해주세요
풀잎이 없으면 아침이슬이 자신을 드러내지 못하듯
당신이 없으면 내가 없습니다

마음의 성지(聖地)

　내 마음의 성지에는 부러진 십자가 하나 버려져 있다
　그 십자가를 사람들이 무심코 밟고 지나간다
　고개를 돌리고 애써 외면하고 지나가는 사람도 있다

　내 마음의 성지를 찾아오는 사람은 모두 사랑에 실패한
이들이다
　사랑의 상처와 분노와 증오를 버리지 못하고
　부러진 십자가를 다시 밟아 부러뜨리는 사람도 있다

　내 마음의 성지에 사는 꽃들은 웃어도 소리가 없고
　새들은 울어도 눈물이 없다
　죽어서도 잠들지 못하는 사람은 아직 잠들지 못한다

　오늘 나는 내 마음의 성지에 나무 십자가를 다시 세운다
　사랑을 잃은 사람들은 누구든지 다시 사랑을 찾을 수 있
도록
　부러진 십자가를 쾅쾅 못질해서 다시 세운다

겨울새

새벽에 첫눈이 내렸다
얼른 일어나 밖으로 나갔다
눈길에 작은 발자국이 나 있었다
당신 발자국인가 하고
밤새도록 발자국을 따라 눈길을 걸었다
어느새 날이 밝아오고
고요히 눈이 그쳤다
나는 걸음을 멈췄다
혹시 당신도 발걸음을 멈추고 뒤돌아보며
나보고 같이 가자고
빨리 오라고
손짓할지 모른다고 생각하는 순간
눈길에 난 모든 발자국이
새가 되어 날아갔다

자리갯돌

서산 해미읍성 서문 밖을 흐르던
지금은 말라버린 개울가 돌다리
천주학쟁이의 사지를 붙들고 내리치던
살점이 튀고 피가 뿌려지고 바스러진 뼈가 흩어지던
가을날 타작마당에서 볏단을 자리개질하듯
인간을 자리개질한 자리갯돌에는
오늘도 비 오는 날이면 붉은 핏빛이 빗물에 번진다
가만히 손을 대면 돌에서 어머니의 피가 스며 나오고
가만히 고개 숙여 손을 대면 아버지의 피가 배어 나온다
언제나 가난한 부모님의 피눈물이 흐르는 돌
세상에서 가장 아픈 돌
프란치스코 교황이 오랫동안 당신 앞에 서서 되뇐 말씀
이름 없이 이름 없이 이름 없이
무명 순교자의 피가 흐르는 거룩한 돌

용서를 위한 기도

오늘 첫눈이 내렸습니다
첫눈은 언제나 인간을 용서하기 위해 내리는 것이므로
무엇보다 내가 용서받아야 할 용서를 용서받게 해주세요
아무도 나를 용서하지 않을지라도
나의 잘못을 내가 알게 해주시고
내가 먼저 무릎 꿇고 엎드려 용서를 청하게 해주세요
그리하여 다시 첫눈이 내릴 때
무엇보다 내가 나를 용서할 수 있게 해주세요
내가 용서할 수 없는 용서도 용서하게 해주세요
남을 용서하지 못한다는 것은
내 가슴에 총알이 날아와 박혀 있는 것과 같고
인생이라는 강을 건너가기 위해서는
반드시 용서라는 징검다리를 건너가지 않으면 안 되므로
오늘 첫눈 내린 날
하얀 눈송이가 스스로 이 땅에 내리듯
나 스스로 용서를 선택하게 해주세요
용서를 선택함으로써
과거의 감옥에 수인(囚人)처럼 갇힌 나를 해방시켜
현재의 나를 치유해주세요

오늘도 인생은 사랑으로 완성되고
사랑은 용서로써 완성된다는 것을 잊지 않게 해주세요
용서는 신의 몫이라고
당신께 맡기고 돌아서지 않게 해주세요

물 한잔

미안하네
당신이 목마를 때
물 한잔 주지 못해
당신이 빈 그릇이 되었을 때
물 한잔 채워주지 못해

미안하네
나는 물 한잔도
빈 그릇도
끝내는 그 누구의 물잔도
되지 못하고

비 오는 날 강가에 나가
빗방울도 되지 못하고
빗소리만 되었다가
강물도 되지 못하고
강물 소리만 되었다가

목마른 당신에게

물 한잔 주지 못하고
미안하네
결국은 아무도 사랑하지 못한 나를
사랑하지 마시게

어디 가는 길이세요

어디 가는 길이세요
길을 가다가 당신을 만나
기쁜 마음으로 물어보아도
대답이 없다
감사하는 마음으로 뒤쫓아 가도
쳐다보지도 않는다
어디로 가는 길이세요
명동에 술 먹으러 가는 길이세요
아직 떨어지지 않은
모과를 따러 가는 길이세요
헐레벌떡 뒤쫓아 가며
묻고 또 물어도
당신은 말없이 지나쳐버린다
곧 눈이 올 것 같은데
손도 잡아주시지도 않고
당신의 발자국마저 지워버리고
도대체 어디 가는 길이세요
빚 받으러 가는 길이세요
곧 첫눈이 올 것 같은데

어디로 가든 당신을 따라가
당신과 함께
명동성당의 십자가에 매달려
죽었다 다시 살아났으면 좋겠어요

작은 그릇 하나로

작은 그릇 하나로 강물을 다 퍼 담을 수 있다
작은 그릇 하나로 바닷물을 다 퍼 담아
산으로 옮길 수 있다
작은 그릇 하나로 사막에 강물이 휘돌아 가게 할 수 있다
쌍봉낙타와 사막여우와 조랑말과
영양과 가젤과 야크와 인간의
목마름을 영원히 달랠 수 있다
사랑의 작은 그릇 하나로
배고픈 모든 인간을 배부르게 할 수 있다
길바닥에 나뒹구는 개밥 그릇이라 하더라도
자비의 작은 그릇 하나로

천사에 대한 질문

천사에게도 양심이 있는가
천사도 양심을 지키는가

천사에게도 눈물이 있는가
눈물로 인간의 길을 적시는가

천사에게도 과거가 있는가
과거에 매달려 오늘을 사는 나처럼
천사도 과거에 매달려 불행해질 때가 있는가

분노라는 과거의 감옥
상처라는 과거의 감옥에 사는 나처럼
천사도 과거의 감옥에 살고 있는가

인간인 내가 인간을 미워하듯
천사도 천사를 미워하는가

횡단보도

살기 위해 떠난 곳이
죽기 위해 떠난 곳인 줄 이제 알았으므로

살기 위해 찾아간 당신이
죽기 위해 찾아간 당신인 줄 이제 알아차렸으므로

푸른 신호등이 켜져도 결코 건너갈 수 없었던
횡단보도를 바삐 건너간다

혼자서는 떠날 수 없었던 길을 떠나
혼자서도 살 수 있는 길을 찾아가기 위하여

고비사막을 횡단하듯 횡단보도를 건너
버스도 오지 않는 버스 정류장을 지나

은행나무 밑에 홀로 서서 당신을 기다리며
낙타처럼 가을비를 맞는다

이 손수건으로

이 손수건으로 당신의 기도를 닦았네
당신의 옆구리에서 흘러내리는 피를 닦았네

피 묻은 이 손수건으로
못 박힌 당신의 손과 발을 닦았네

영원히 마르지 않는 피 묻은 이 손수건으로
내 거짓의 얼굴을 닦았네

숲길에 쓰러진 산까치의 얼굴도 닦아주었네
아기 다람쥐의 손도 고이 닦아주었네

당신이 아니면

당신이 아니면 누가 나를 위해 울어줄 수 있을 것인가
누가 나의 상처에서 흐르는 분노의 눈물을 닦아줄 수 있을 것인가

당신이 아니면 누가 나와 함께 봄이 오는 들녘이 될 수 있을 것인가
누가 먼 산 붉은 진달래로 다시 피어나게 해줄 수 있을 것인가

당신이 아니면 누가 나의 손을 잡고 첫눈 오는 거리를 걸을 수 있을 것인가
누가 세상에서 가장 아름다운 눈사람을 세울 수 있게 해줄 것인가

당신이 아니면 누가 눈먼 나를 위해 바늘에 실을 꿰어줄 수 있을 것인가
누가 내가 입고 갈 따뜻한 수의(壽衣) 한벌 지어줄 수 있을 것인가

당신이 아니면 누가 나를 위해 아침마다 목숨을 바칠 수 있을 것인가
 누가 나를 죽음도 아름다운 인간으로 살아갈 수 있게 해줄 것인가

당신의 잔

당신의 잔을 받지 않겠습니다
아무리 하늘 높이 받들어 건네주어도
당신의 피 묻은 잔을 거절하겠습니다
당신의 잔이 사랑과 진리의 잔인 줄 모르고 마시다가
심장마비가 와 응급실로 실려 간 적이 있습니다
이제 당신의 잔을 뒷골목 하수구에 몰래 버리겠습니다
찌그러진 종이컵처럼 나뒹굴어도 외면하겠습니다
나는 이제 당신의 사랑으로부터 자유로워져야 합니다
나를 미워하는 사람한테도
내가 미워하는 사람한테도
당신의 사랑의 가르침을 행할 수가 없습니다
내가 당신에게 먼저 용서받았으므로
나 또한 용서하며 살아야 한다는 말씀을 실천할 수 없습니다
나는 결국 사랑보다 증오의 사람입니다
사랑에도 증오가 필요하다는
당신의 가르침을 잊은 지 오래되었습니다
언제나 사랑보다 증오가 강합니다
오늘도 분노는 사그라졌지만 증오는 깊어졌습니다

사랑받지 못한 사람들만이 증오를 실천한다지만
나는 증오함으로써 당신을 사랑하겠습니다

당신의 발아래

나는 당신의 발아래 기어가는 개미
언제든지 밟아버려도 괜찮습니다
한때는 당신이 밟아버릴까봐 두려워
당신의 발을 피해 멀리 산과 바다를 지나왔으나
이제는 당신이 나를 밟아도 원망하지 않겠습니다
당신이 침묵의 방법으로
나를 사랑하신다는 것을 이제 아오니
부디 짓밟지 말아달라고 눈물로 호소하지 않겠습니다
나는 당신의 발아래 기도하는 개미
죄 많은 개미

서울역 비둘기

서울역에는 비둘기도 노숙자다
서울역 비둘기들은 서울역이 고향이다
하루 종일 서울역 광장 바닥을 쪼아대며
부지런히 인간의 부스러기를 찾아다니다가
저녁이 오고 밤기차가 떠나가면
취객이 오줌을 누고 간 담벼락 모퉁이에
날개를 접고 어머니를 생각한다
서울역에 노숙하는 비둘기는 서울역이 어머니다
가끔 기차를 타고 밤하늘로 날아갔다가
별똥별을 입에 가득 물고 돌아와
배고픈 노숙자들에게 나누어준다
오늘도 서울역 광장을 돌아다니며
'불신지옥 예수천당'이라고 쓴 종이판을 들고
예수를 믿으라고 소리치는 인간을 물끄러미 바라보다가
서울역 푸른 돔 위로 날아간다
서울역 비둘기는 서울역이 집이다
집에 어머니가 계시지 않아도 울지 않는다

다음에 또 만나요

아무리 만날 수 없어도
이번이 마지막이라 하더라도
다음에 또 만나요
길을 가다가 우연히 반갑게
지하철에서 만나듯
기쁜 마음으로 만나 차 한잔해요
아니 인사동 골목 한정식집에서
간장게장하고 같이 밥을 먹어요
아무리 만나고 싶어도
결코 다시 만날 수 없다 할지라도
운명의 붉은 가슴이
무너져 내려 이미 흙이 되었다 할지라도
언제 어디서나 다음에 또 만나
눈인사라도 나눠요
죽음이란 아무리 보고 싶어해도
볼 수 없는 화엄(華嚴)의 꽃
그 꽃이 한겨울에 다시 활짝 피어나면
우리 또 만나 슬쩍 웃으면서
조금씩 미안해하면서

굳이 용서를 위한 기도는 하지 말고
막걸리나 한잔해요

슬퍼도 아름답게

당신도 떠난다
사랑하는 사람일수록 내 곁에 오래 머무르지 않는다

나도 떠난다
사랑하는 사람일수록 당신 곁에 오래 머무르지 못한다

오랫동안 한솥밥을 먹었다는 사실이 오직 감사할 뿐
떠날 때는 잡은 손을 서로 놓아주어야 한다

그래도 각자 돌아갈 집이 있으므로
그 집에서 다시 반갑게 만날 날이 있으므로

새는 울어도 눈물이 없고
꽃은 웃어도 소리가 없는 까닭을 이제 알아차렸으므로

일생에 단 한번 해가 지는 순간의 아름다움을 위하여
슬퍼도 아름답게 눈물도 영롱하게

슬픔의 그림자

새들이 하늘을 버리고 땅속에서도 살 수 있다고
땅속으로 날아간다

물고기가 강을 버리고 물 밖에서도 살 수 있다고
물으로 달려간다

연꽃이 연못을 버리고 길 위에서도 피어날 수 있다고
골목길로 걸어간다

사람들이 지옥에서도 살 수 있다고
지옥에서는 사랑하지 않아도 살 수 있다고 지옥으로 찾아
간다

내가 찾아가기 전에 언제나
나를 먼저 찾아와 기다리던

내 그림자도 내가 없어도 살 수 있다고
기어이 나를 떠난다

눈사람

크리스마스이브 날 밤
을지로입구역 롯데백화점으로 올라가는 지하 계단 옆
몇명의 사내가 라면 박스로 정성껏 집을 짓는다
땅속에 파는 관 자리처럼
한 사람이 누우면 꽉 들어찰 크기로 모서리를 맞추고
하루에 한번씩 하관하는 연습을 한다
지하에서 가장 아름다운 집
새들처럼 지붕을 짓지 않는
낡은 종이 집에 하관하듯 들어가 사내들이 잠이 들면
슬며시 사내들의 그림자가 일어난다
먹다 남긴 김밥 몇토막과
쓰러진 술병에 조금 남은 소주 몇모금을 마시고 집을 나선다
거리엔 축복인 양 눈이 내린다
고요한 밤 거룩한 밤이라고 크리스마스캐럴이 울려 퍼진다
비 오는 날 쇠등에 비닐을 씌우고 논갈이하던 아버지와
아궁이에 고구마를 구워주던 어머니와
첫아이를 낳다 죽은 아내 이야기를 하며

노숙의 그림자들은 밤새도록 눈길을 걷다가
그만 지하도 종이 집으로 돌아가지 못하고
눈사람이 되어 서서 잠이 든다

노숙인발생신고서

이 넓은 서울 어디에도 잠잘 데가 없어
어디든 바닥에 누우면 잠자리였어요
한번 바닥에 누우니까 그렇게 편할 수가 없었어요
일어나기 싫었어요
시멘트 바닥이 그렇게 편안하고 아늑한 줄 몰랐어요
고향집 대청마루에 누워 있는 것 같기도 하고
어머니가 군불을 땐 안방에 누워 있는 것 같기도 했어요
오가는 사람들의 발걸음은 눈치 볼 것 없었어요
나는 그저 버려진 쓰레기봉투 같은 것이니까요
그래도 어떤 분은 아침마다
광화문 지하도에 종이 박스로 지은 내 집 앞에
 나무젓가락을 얹은 컵라면 하나와 생수 한병을 두고 갔어요
 나는 돈만 생기면 술을 사 먹었지요
 지하철 입구에 쭈그리고 앉아 모자를 바구니처럼 놓아두면
 돈을 넣고 가는 사람들이 그래도 있었어요
 나는 그 돈으로 술을 사 먹었어요
 소주가 밥이고 소주병이 밥그릇이었어요

그렇지만 올겨울은 너무 추워 견디기 힘드네요
오리털 패딩 하나 없어 얼어 죽기 전에
노숙인쉼터에 입소를 원합니다
너무 춥고 배고파요

다시 성자(聖者)를 기다리며

봄비가 오면 하늘에서 하나둘 사람들이 내려온다
소나기가 내리면 우산을 쓰고 내려오고
첫눈이 내리면 밥그릇을 들고 내려온다
나를 사랑했으나 너무 일찍 떠난 사촌 누나도 내려오고
내 어릴 때 우리 집 감나무 옆에 우물을 판 사람도 내려와
하늘의 우물을 판 삽과 곡괭이를 내게 건네준다
하늘에서 내려온 사람들은 모두 하늘의 성자다
그들은 이제 지상의 가난한 이들을 위해 길을 떠난다
 노숙자의 슬픈 어깨 위에 낙엽 한장 떨어져도 아파하던
 모든 이의 밥이 되어주신 김수환 추기경과 함께 길을 떠난다
 영등포역 어두운 골목에 행려병자들을 위한 요셉의원을 세우고
 결혼식장에 가서도 하객들이 먹고 남은 뷔페 음식을
 노숙인들이 먹을 수 있도록 해달라고 부탁하던
 선우경식 원장과 함께 부지런히 길을 떠난다
 오늘은 강변의 물고기가 뭍으로 나가도 죽지 않는다
 새장의 새가 하늘을 날아도 날개가 부러지지 않는다
 가난은 가난을 나눌 수 없을 때 가장 가난하다

가난하다는 것은 가난을 함께 나눌 사람이 없다는 것이다

퇴로(退路)

두 손을 잃고 뒤돌아선다
두 발을 잃고 발걸음을 돌린다
피를 흘리며 다시 봄은 오는데
고개를 숙이고 너에게로 간다
손가락질은 이제 두렵지 않다
뒤돌아 가는 길이 내가 가야 할 길일 뿐
분명 퇴로는 있다고
오직 맨가슴으로 땅바닥을 기어
기다리지 않아도 너에게로 간다
길가엔 노란 민들레가 피고
나를 안고 젖을 먹이시던
젊은 어머니의 의자가 놓여 있다
길고양이들이 의자 옆에 모여 밥을 먹는다
나도 고양이들과 함께 허기진 배를 채운다
돌아가야 할 길인 줄 몰랐던
마지막으로 남겨진 나의 길가에
나는 벚꽃잎처럼 흩날린다

장마

비가 온다 하루 종일
집이 떠내려간다
어제 떠내려갔는데
오늘 또 떠내려간다
하는 수 없이
신발을 들고 지붕 위로 올라간다
지붕을 때리는 빗소리를 들으며
쭈그리고 앉아
물끄러미 신발을 바라본다
다 해진 신발도 나를
우두커니 쳐다보고 웃는다
장맛비에 평생 집이 떠내려가도
열심히 살아야 한다고
서로 웃는다

제 4 부

천벌

봄이 오면 나는 천벌을 받을 것이다
사랑은 천벌이므로
기꺼이 당신의 천벌을 받으며 행복해질 것이다

낙엽이 떨어지고 다시 진달래가 피어도
나는 천벌을 받으며 기뻐할 것이다
당신은 사랑이므로
그 어떤 천벌이라도 기꺼이 감수할 것이다

사랑하는 사람들은 모두 천벌을 받은 것이다
모든 사랑은 악의가 아니고 악행이 아니므로
나는 이제 당신의 천벌을
두 손으로 공손히 받들고 나눌 것이다

낙담

절벽 아래로
당신을 사랑하는 내 가슴이 떨어졌다
떨어진 가슴을 주우러
나도 절벽 아래로 뛰어내렸다
가슴은 나보다 더 먼저
그 아래 절벽으로 뛰어내렸다
나도 다시 그 아래 절벽으로 뛰어내렸다
절벽 아래 어디에도
내 가슴은 보이지 않고
먼 데서 고라니 우는 소리가 들리고
폭포 소리가 들렸다

사랑하기 위하여

별들이 밤하늘을 떠난다
낙타가 사막을 떠난다
물고기가 강물을 떠난다
바람이 꽃을 떠나고
꽃이 봄을 떠나고
나는 어머니의 집을 떠나
가장 낮은 곳
연옥을 지나 지옥으로 간다
지옥에 계신 당신
지옥에서도 나를 사랑하는
당신을 만나러
지옥에서도 당신을
사랑하기 위하여

닻과 돛

닻을 내려야 할 때 돛을 올렸다
사랑해야 할 때 사랑하지 못하고
돛을 올려야 할 때 닻을 내렸다

당신은 어느 먼바다에 있는가
어느 해류를 따라
어디에서 삼각파도로 울고 있는가

죽어야 할 때 죽지 못하고
닻을 내리면 항구가 사라지고
돛을 올리면 수평선이 사라졌다

바다가 강물로 거슬러 오르고
어디에선가 멀리
마지막 떠나는 뱃고동 소리가 들렸다

버팀목

당신은 나의 버팀목
나는 당신의 버팀목
죽은 나무에도 꽃을 피운다
봄이 오지 않아도
버팀목에 잎이 나고 꽃이 필 때까지
쓰러지지 않고 견뎌야 한다
죽은 나무에 꽃이 핀다고
죽은 나무에 핀 꽃은 죽은 꽃이라고
누가 비웃더라도
우리 일생에 중요한 것은
죽은 나무에도 꽃이 핀다는 사실이다
사람은 누구나 죽었다가 살아난다
죽지 않고 사는 사람은 아무도 없다
내가 당신의 버팀목이 되기 위해서는
당신이 나의 버팀목이 되기 위해서는
오직 사랑한다는 신념 하나로
가을이 오지 않아도
한알의 열매로 떨어져야 한다
하얀 눈밭에 떨어진

산수유 붉은 열매가 되어
배고픈 새들의 먹이가 되어야 한다

우리가 사랑하는 시간은

우리가 사랑하는 시간은
해남 미황사 대웅전 주춧돌에 새겨진 바닷게가 집게발을 한번 살짝 들어 움직이는 시간
들었던 집게발을 내려놓고 잠시 쉬었다가 땅끝 바다를 향해 천천히 기어가는 시간

우리가 사랑하는 시간은
미황사 대웅전 주춧돌에 새겨진 거북이가 슬며시 머리를 내밀고 고개를 드는 시간
고개를 들고 석가모니 부처님 계신 곳을 이리저리 살피다가 수평선을 향해 천천히 기어가는 시간

우리가 사랑하는 시간은
바다로 기어간 바닷게와 거북이가 다시 발길을 돌려 천천히 미황사 대웅전 주춧돌로 돌아가 대웅보전 기둥을 받치는 시간

바둑

당신은 내 심장의 검은 돌을 쥐고
나는 당신 심장의 흰 돌을 쥐고
흑백의 조화야말로
당신과 나의 아름다움이라고
새벽이 올 때까지 바둑을 두었으나
이별의 순간이 찾아온 오늘
흑은 흑이고 백은 백이다
당신은 당신이고 나는 나다
바둑판에 흥건히 피가 고이고
번개가 치고 폭우가 쏟아지고
나는 심장마비가 와 구급차를 타고
응급실에 실려 갔다 왔다
다행히 바둑은 불계승이다
오늘은 비가 그치고
저녁이 찾아오고
당신을 사랑하던 내 심장의 바둑돌은
불면의 잠이 든다

우산도 없이

우산도 없이
어디로 가시나요
겨울비는 오는데
우산도 없이
저녁도 먹지 않고
비를 맞으며
도대체 누구를 만나러 가시나요

그 집 처마 밑에
지하철역 육교 밑에
잠시 기다려주세요
내가 우산을 가지고 나갈게요
당신도 따뜻한 우산이 필요해요
기다려도 겨울비는
그치지 않아요

주상절리

오늘도 당신의 주상절리가 되어
당신이 돌아오기를 기다린다
제주에 와서도 바다가 되지 못하고
그만 바다를 바라보는 절벽이 되어
당신에게 성큼 다가가지 못할 때
먼 수평선을 이끌고 용암처럼 달려와
나의 주상절리가 되어주신 당신
나를 주상절리로 만들어주신 당신
당신에게 내 인생의 아름다움이 있었다
아름다움에 대한 감사함이 있었다
나도 아름다울 수 있는 인간인 줄 모르고
사랑받을 수 있는 인간인 줄 모르고
왜 밤은 오고 아침은 오지 않는지
왜 나의 밤하늘에는 별이 뜨지 않는지
숨죽이며 절벽으로 엎드려 울고 있을 때
당신은 나를 주상절리로 만들며 말했다
나는 사랑받아야 하는 아름다움이라고
아름다움은 사랑받아야 한다고

종이학을 접으며

종이학을 접으며 당신을 기다린다
종이학이 날아가면 당신이 오신다기에
당신이 타고 오실 종이학을 접는다

당신을 기다리며 종이학을 접는다
당신이 보내주신 편지로 종이학을 접어도
웬일인지 당신은 오시다가 오시지 않고

새벽이 올 때까지 종이학을 접으며
어둠 속을 날아가면
당신은 산 너머 멀리 별똥별로 사라진다

종이학을 접으며 당신을 기다린다
물 한모금 먹지 않고 잠도 자지 않고
당신이 타고 오실 하얀 종이학을 접는다

당신을 만나기 전부터

당신을 만나기 전부터 당신을 만났어요
당신을 찾아가기 전부터 당신을 찾아갔어요

당신은 내가 찾아가기 전부터 나를 문전박대했지만
나는 당신을 찾아가기 전부터 당신이 보고 싶었어요

당신은 나를 만나기 전부터 나를 만나지 않았지만
나는 당신을 만나러 가기 전부터 당신을 사랑했어요

오늘은 당신을 만나기 전부터 비가 와요
당신을 만나기 전부터 눈이 내려요

이제 당신을 만나러 가는 길은 길이 없어도 괜찮아요
당신을 만나러 가는 길에는 언제나 새벽이 먼저 찾아와요

당신을 만난 사람들은 고요히 새벽 눈길을 걸어가고
나는 눈길에 자꾸 넘어질 뿐이에요

오죽하면

오죽하면 미워하면서도 사랑했겠니
사랑하면서도 보고 싶어하지 않았겠니
눈을 없애고 귀를 잘라버렸겠니

오죽하면 봄에 핀 꽃들이 얼어 죽었겠니
뿌리치는 너의 손을 잡고
절벽 아래로 뛰어내렸겠니
내가 죽어서도 살아 돌아왔겠니

발을 밟은 사람은
발을 밟힌 사람의 아픔을 모르고
칼로 찌른 사람은
칼에 찔린 사람의 상처를 모른다

너를 사랑한다는 것은
천국보다 지옥을 엿보는 것
우물가에서 목말라 죽는 것

오죽하면 사막에 쓰러진 나를

낙타가 그냥 보고 지나갔겠니
내가 모래가 되어 바람에 흩어졌겠니

기차는 떠났어요

왜 이제 오시나요
기차는 떠났어요
수서역에서 하루 종일 당신을 기다리던 기차는
다른 승객은 단 한 사람도 태우지 않고
방금 종착역을 향해 떠나갔어요

왜 전화도 없이 이제야 오셨나요
떠난 기차는 돌아오지 않아요
여수역에 도착해도 돌아오지 않아요
종착역이 출발역이 되지 않아요

기차는 차창 밖으로 스치는
마당에 넌 붉은 고추와 무말랭이와
처마에 매달아놓은 시래기를 보면서 울며 달려갔어요
언젠가 당신과 마당 있는 시골집에서 첫 살림을 차리리라
혼자 생각했던 일들을 떠올리며

사랑을 안다는 것과
사랑을 한다는 것은 전혀 달라요

당신은 사랑을 알고는 있었지만
사랑을 하지는 않았어요

당신 뜻대로

나를 버리시려면 버리십시오
나를 잊으시려면 잊으십시오
나는 하늘과 땅의 구분이 없어지고
낮과 밤의 구분이 없어지고
만남과 이별의 구분도 없어지고
서울역도 내 눈물에 젖었습니다

나를 죽이시려면 죽이십시오
나를 살리시려면 살리십시오
나는 물소리와 새소리의 분별이 없어지고
피는 꽃과 지는 꽃의 분별이 없어지고
무덤과 아파트의 분별도 없어지고
수서역에 기차는 이미 떠났습니다

물속의 달

부디 나를 사랑하지 마세요
당신이 아무리 사랑한다고 고백해도
물결 위로 바람이 한번 지나가면 나는 사라져요
부디 헛된 인간의 혀로 나의 이름을 부르지 마세요
나는 잠시 지상으로 내려온 달그림자일 뿐
단 하룻밤이라도 나를 가지려 하지 마세요
나는 물도 아니고 달도 아니에요
당신이 나를 가지려고
강물 속으로 뛰어드는 순간 나는 사라져요
나는 개구리와 풍뎅이와
두꺼비와 물잠자리와 물거미를 사랑할 뿐
당신은 사랑하지 않아요
오늘도 나를 가지려고 하다가 한 사람이 물에 빠져 죽었어요
부디 당신은 나를 가지려 들지 마세요
나는 물속에 있지만 물속에 없어요

어제에게 받은 편지

이제 전화하지 마세요
당신 전화를 수신차단 해놓았어요
나는 과거라는 이름으로 이미 죽었어요
과거는 결코 변하지 않지만 이 세상 어디에도 없어요
당신이 아무리 나를 만나고 싶어해도 만날 수 없어요
나는 이미 사라졌어요
당신과 거닐었던 바닷가 오솔길도
함께 밤을 새웠던 호텔의 창밖 수평선도
수평선 곁에 겸손히 앉아 있던 작은 섬들도 다 사라졌어요
나를 그리워하지 마세요
나는 그리움의 너머에도 없어요
당신이 바람에 날아간 스카프를 버리듯
나를 버리고 내일로 떠난 것은 참으로 잘한 일이에요
당신은 이제 내일의 남자를 사랑해야 해요
나는 내 어머니보다 당신을 더 사랑했지만
지금은 당신이 어디에 있는지도 몰라요
당신을 사랑했다는 사실조차 잊었어요
나를 미워하지도 사랑하지도 마세요
과거라는 감방의 문을 스스로 열고 들어오지 마세요

나는 결코 변하지 않는 사라진 어제일 뿐이에요

내일에게 받은 편지

당신이 내일 나를 사랑한다면 나는 그곳에 없어요
당신이 내일 나를 기다린다면 나는 그곳에 없어요
나는 언제나 당신이 살고 있는 오늘에 있어요
나를 사랑하더라도 오늘 이 순간에 사랑해주세요
나를 기다리더라도 오늘 이 순간에 기다려주세요
나에게 국밥 한그릇 사주시려면
배고파 견딜 수 없는 오늘 이 순간에 사주세요
아무도 내일 나를 만날 수 없어요
지금까지 내일 나를 만난 사람은 아무도 없어요

등대

나도 별까지 걸어가려고 한 때가 있었다
나도 한때 별까지 걸어간 적이 있었다
은하수를 헤치고 별들의 형제가 되어
수평선을 오가는 인간의 고기잡이배보다
무수히 제 몸을 던져 밤의 바다를 아름답게 하는
별들을 사랑한 적이 있었다
바다의 배고픈 물고기들이 서둘러 별들을 배불리 먹고
서로 사랑하는 밤
아무도 슬퍼하지 않는 별들의 죽음을 밤새워 애도하느라
늘 먼동이 터서야 잠이 든 적이 있었다

마음이 떠났다

당신한테 있던 내 마음이 떠났다
어디로 갔는지 모른다
나한테 돌아온 것도 아니다
울면서 멧새를 따라갔나 싶어
부리나케 산 너머로 달려가보았으나
보이지 않는다

나한테 있던 당신 마음도 떠났다
그것도 어디로 갔는지 모른다
당신한테 돌아간 것도 아니다
울면서 북극성을 따라갔나 싶어
밤새워 밤하늘을 바라보았으나
유성우(流星雨)만 계속 내릴 뿐이다

당신한테 있던 내 마음은
내 마음 아니었던 적이 없어
겨울에도 먼 산에 진달래로 피어나
두견주(杜鵑酒)를 당신께 바쳤으나
나한테 있던 당신 마음은

당신 마음이 아니었던 적이 많아
나에게 술 한잔 바친 적이 없다

떠나간 마음들은 다 어디에 있나
내 마음은 저 혼자 어디로 가나
어디로 가면서 혼자 울고 있나
왜 나에게 돌아오지 않고
어디에서 쓰러져 배고파 잠이 드나

빼앗긴 마음

어느 날 당신이 내 마음을 빼앗아 갔다
내 마음을 빼앗아 멀리 기차를 타고 떠나버렸다
당신의 검은 핸드백에 내 마음을 집어넣고
익산을 지나 광주송정역까지 가버렸다

내 마음을 핸드백에 넣고 어디로 가나
당신은 내 마음을 빼앗아 간 적이 없다고 강변하지만
나는 당신에게 내 마음을 빼앗겼다
당신이 내 마음을 빼앗아 간 것이다

내 마음은 운주사 석불의 그늘에 내려앉은 먼지일 뿐
운주사 석탑의 긴 그림자일 뿐
빼앗긴 마음도 내 마음이고
빼앗아 간 마음도 내 마음이다

부디 내 마음을 객실 선반에 올려놓은 채
종착역에서 그냥 내리지는 않기를 바란다
당신에게 빼앗긴 내 마음을
청소원이 쓰레기통에 버리지 않도록 유의해주길 바란다

첫눈이 내릴 때마다

첫눈이 내릴 때마다 사랑을 잃었다
사랑을 잃고 분노를 얻어
명동성당에 가서 기도할 수 없었다
사랑은 첫눈처럼 순결하지 않았다

첫눈이 내릴 때마다 사랑을 잃고
자유도 얻을 수 없었다
해 뜨기 전에 모이를 찾아 나는 새들을 잠들게 하고
첫눈으로 만든 모든 눈사람을 죽였다

첫눈이 내릴 때마다 강물이 산으로 흘러가고
산이 바다로 가라앉고
지하철이 하늘로 달리기 시작했다

길 가던 사람들이 모두 땅속으로 들어가고
무덤 속에 있던 사람들이
무덤 아래로 더 깊이 굴을 파고 들어갔다

사랑이 끝났을 때

사랑이 끝났을 때 울지는 않았다
수서역에서 기차를 타고 부산 송정 바닷가로 끝없이 달려갔을 뿐이다
거친 파도는 나에게로 달려왔다가 멀리 물러나곤 했다
당신도 나에게로 달려왔다가 멀리 물러났을 뿐이다

사랑이 끝났을 때 밥을 굶지는 않았다
수서역 골목에서 늘 먹고 싶었던 찹쌀순댓국을 사 먹었다
밥을 꼭 챙겨 먹어도 오히려 더 배가 고파
새들에게도 모이를 더 많이 주고 순댓국을 몇번 더 사 먹었다

사랑이 끝났을 때 휴대폰은 늘 진동으로 해놓았다
배터리가 나가도 며칠이고 충전하지 않을 때도 있었다
초승달이 내 뒤를 따라오는지 몇번 뒤돌아보았을 뿐
밤길을 걸으면서 뒤돌아보지는 않았다

송정 바닷가에서 다시는 사랑하지 않겠다고 결심하지는 않았으나

사랑은 끝났을 때가 가장 사랑할 때라는 말은 믿을 수 없었다
사랑이 끝났을 때 다시 사랑이 시작된다는 말도
사랑은 끝났을 때 항상 이루어진다는 말도 믿을 수 없었다

고백

사랑한다고 말했지만 사랑하지는 않았어요
사랑하지는 않았지만 만나기는 했어요
만나기는 했지만 보고 싶지는 않았어요

그날 성당에도 같이 갔지만 기도하지는 않았어요
운주사에도 같이 갔지만 와불님을 찾아뵙진 않았어요
제부도에도 같이 갔지만 섬이 되지는 않았어요

키스는 했지만 내 입술은 없었어요
사랑은 나누었지만 내 가슴은 없었어요
깊어가는 가을밤에 별 하나를 가리키며
나의 별이라고 노래했지만

그 별을 바라보지도 않았어요
언제나 나의 필요를 위해 그가 필요했을 뿐
필요가 사랑을 결정해주지는 않았어요

마침내

마침내 사랑을 잃었어요
사랑을 잃고 기도를 얻었어요

마침내 기도를 잃었어요
기도를 잃고 눈물을 얻었어요

마침내 눈물을 잃었어요
눈물을 잃고 사막을 얻었어요

마침내 모든 것을 얻기 위해
모든 것을 버렸어요

모든 것을 사랑하기 위해
모든 증오를 잊었어요

이별의 기도

다시 만나요 당신
지켜주지 못해 미안해요
당신 가시는 곳 어디든 내가 곧 뒤따라가겠어요
이별의 아픔 속에서만 사랑의 깊이를 알게 돼
이제야 당신이 얼마나 나를 사랑했는지
뒤늦게 알아차리고

혼자 가게 해서 미안해요
다정히 손잡고 함께 가지 못해 미안해요
먼저 가서 조금만 기다려주세요
기다림 없는 사랑은 없으므로
기다릴 줄 모르면 사랑할 줄 모르는 것이므로
나도 당신 뒤를 따라갈 날을 기다리겠어요

언제나 사랑을 미루지 않으신 당신
언제나 지금 이 순간 나를 사랑하신 당신
당신은 울지 말아요
사랑에는 단 한번의 이별이 있다기에
천년을 함께 살아도 단 한번은 이별해야 한다기에

당신을 보내는 나를 용서해주세요

제 5 부

당신이 인간이라면

세상의 모든 뚜껑 중에서도
도시의 맨홀 뚜껑은
밤이면 조금 열어놓아주세요
깊어가는 가을밤
맨홀 속에 잠든 귀뚜라미가
생쥐들과 함께
캄캄한 밤하늘 별을 바라볼 수 있도록
별을 바라보면서 별이 될 수 있도록
열어놓아주세요
혹시 당신이 인간이라면

물새들을 따라가 물을 마신다

절벽을 깨뜨려
절벽의 물을 마시다가
바위를 깨뜨려
바위의 물을 마시다가
모래 속으로 기어 들어가
모래의 물을 마시다가
감사하다
오늘은 물새들을 따라가
물새의 물을 마신다
풀잎에 누워
풀잎의 물을 마신다

엎질러진 물

엎질러진 물도 물이다
엎질러진 물도 마셔야 한다
엎질러진 물 앞에서 울 필요는 없다
물은 엎질러졌을 때 가장 깨끗하고 맛있다
나는 그동안 물을 엎질렀을 때 가장 목이 말라
엎질러진 물을 마시지 않은 적이 없었다
엎질러진 물도 엎질러진 뒤에는
강물 따라 흐른다
고요히 강의 바닥을 만나기도 하고
때로는 흙의 가슴을 만나 꽃을 피운다

하루를 기다리며

나는 하루를 기다리지 못한다
하루를 기다리지 못해 일년을 기다리고
일년을 기다리지 못해 평생을 기다린다
어제 하루도 내일 하루도
하루를 기다리지 못해 당신을 기다리지 못한다
기다리지 않아도 당신은 나를 찾아와
내 더러운 욕망의 발을 씻겨주시지만
시궁창에 떨어진 내 눈물도 건져 깨끗이 씻겨주시지만
용서는 당신의 몫이라고
아버지처럼 고요히 내 어깨를 감싸안아주시지만
나는 먼 산마루까지 켜켜이 쌓인
당신에 대한 적의도 원한도 버리지 못하고
오늘 하루를 기다리지 못하는 동안
내 평생이 다 지나갔다

새에게 부탁함

봄이 오면 죽은 나무에도 날아가다오
겨우내 얼어 죽은 나뭇가지에도
지난여름 뿌리째 쓰러진 나무둥치에도 날아가
새똥을 누고 햇살의 노래를 불러다오

봄이 오면 내 어머니 무덤가에도 날아가다오
무덤가에 심은 나무 십자가가 뿌리를 내렸는지
뿌리를 내리고 꽃을 피웠는지
그 꽃의 향기로 그리움의 노래를 불러다오

지난겨울에 세상을 떠난 분들이
그토록 보고 싶어했던 봄이므로
죽은 나무에도 외로운 별들이 내려앉게 해다오
나 자신에게 한 약속
가난해지면 행복해진다는 약속을 지키게 해다오

찬밥

어머니가 돌아가신 뒤
내가 먹는 모든 밥은 찬밥이다
밥솥에서 금방 푼 밥도
식당에서 사 먹는 공기밥 한그릇도
밥뚜껑을 여는 순간 차갑게 식어 있다

요즘 내가 먹는 밥에는 기다림이 없다
한겨울 폭설이 내린 날
안방 아랫목에 이불을 덮어놓고 나를 기다리던
어머니의 밥 한그릇
그 따스한 온기가 없다

찬밥을 먹으면 창밖에 찬비가 내린다
좀처럼 그치지 않는 겨울비처럼
찬밥을 먹으면 인생도 찬밥이다
누구는 죄가 많아 죽는다고 하지만
나는 죄가 많아도 아직 살아
찬밥을 먹는다

공중전화 부스

길을 가다가
공중전화 부스를 만나면
얼른 들어가 부스 품에 안긴다
따스하다
설거지하시던 어머니 냄새가 난다
동전을 넣고 전화를 건다
그리운 수화기를 들고
예전에 집에 계신 어머니한테 전화를 하듯
어머니 접니다
전화를 건다
어머니는 전화를 받지 않는다
부스 밖에 보름달은 떠 있는데
나는 달을 가리키던 내 손가락을 자른다
누가 지옥으로 떨어지듯
갑자기 동전 떨어지는 소리가 들리고
신호음이 툭 끊어진다
어머니 접니다
전화 받으세요
밤길을 가다가 만나는 공중전화 부스

그리운 어머니

숟가락을 생각함

부모님이 잡수시던 숟가락을
식탁에 나란히
젓가락과 함께 다정히 놓을 때마다
그 사람 숟가락을 놓았다는 말
듣고 싶지도 하고 싶지도 않다

언젠가 나에게도 숟가락을 놓을 날이
찾아올 것이므로
내가 숟가락을 놓을 날이 언제인지
짐작되지 않는 바 아니므로

그 사람 숟가락을 놓았다는 말
굳이 입 밖으로 꺼낼 필요는 없다
식사 때가 되어도
진지 잡수러 오시라고 소리쳐 불러도
숟가락을 놓고 다들 어디로 가셨는지

이제는 알겠다
사람이 숟가락을 놓고 나면

높은 제사상 하얀 쌀밥이 담긴 밥그릇에
숟가락을 푹 꽂아놓는 까닭을
국그릇에 숟가락을 비스듬히
걸쳐놓는 까닭을

견인(牽引)

나는 견인되었다
느닷없이 견인차가 와서 나를 끌고 간다
주차할 데 없이 저무는 내 인생을
길가에 잠시 세워뒀을 뿐인데
잠깐 편의점에 들러 담배를 사고
화장실에 다녀왔을 뿐인데
불법주정차 단속에 걸려
끌려가는 내 인생은 어디로 가나
어디로 끌려가서 단죄를 받아야 하나
견인차는 나를 끌고 전속력으로 달린다
낙엽이 떨어지는 차창 밖으로
두부와 콩나물을 사 들고 혼자 걸어가시는
어머니가 보이다가 사라진다
낡은 서류봉투를 들고 버스를 기다리시는
늙은 아버지가 보이다가 사라진다
견인 고리에 단단히 걸려
나도 어머니와 아버지가 사라진 곳으로
기어이 사라질 것인가
그동안 저지른 수많은 대죄(大罪)를

참회할 시간도 없이
오늘도 나는 견인되었다

축대

내가 쌓은 축대가 무너졌다
하루 종일 장맛비가 퍼부은 것도 아니다
밤새 폭설이 내린 것도 아니다
평생을 다해 잠도 자지 않고
하나둘 돌로 쌓아 올린 축대가 하루아침에 무너져 내렸다
축대를 기어오르던 담쟁이와
축대 너머로 고개를 내밀던 해바라기와 함께
무너지는 축대에 깔려 사람이 죽었다
누가 얼굴이 덮인 채 들것에 실려 나오는 것을 보고
어느 행인이 죽은 줄 알고
축대 주인인 내가 책임져야 한다고 할까봐
멀리 도망치다가 돌아와 들것을 가만히 들춰보았다
그것은 바로 나의 시체였다
내가 축대에 깔려 죽은 것을 나만 모르고 있었다
쌓아 올린 것은 무너지는 것이라는 것을 알지 못하고
쌓아 올리기 위해서는 먼저
무너져야 한다는 것을 알지 못하고
무너진 다음에 쌓아 올려야
무너지지 않는다는 것을 알지 못하고

오늘도 나는 축대에 깔려 또 죽었다

내리막길

당신은 축하해줘야 한다
나는 이제 내리막길을 내려가게 되었다
늘 오르막길만 오르던 나를
단 한번도 축하해주지 않은 당신은
그동안 얼마나 나를 미워했는지 잊어버리고
다정히 내 손을 잡아줘야 한다
오르막길은 결국 내리막길이다
내리막길에서 오르막길을 굳이 올려다볼 필요는 없다
오르막길은 숨 가쁘게
뒤도 돌아보지 않고 빨리 올라갔지만
내리막길은 천천히 길가의 꽃을 보며 걸어가야 한다
내리막길에도 오솔길이 있고
산새가 날아가는 작은 암자도 있어
공양미로 갓 지은 쌀밥 한그릇
부처님과 함께 맛있게 먹을 수 있다
사람은 내리막길을 걸어갈 때 가장 아름답다
사람이 가장 아름다울 때는
내리막길을 감사하며 천천히 내려갈 때다

나의 멱살에게

이제는 누가 얼굴에 침을 뱉어도
멱살잡이하지 말고 그대로 끌려가라
도둑으로 몰려 멱살 잡혔을 때처럼
끌려가지 않으려고 앙버티지 말고
침이 튀고 단추가 떨어지고 구두 한짝이 벗겨져도
멱살 잡힌 채로 웃으면서 끌려가라
그동안 느닷없이 멱살 잡히는 일만큼
서러운 일 또 없었으나
이리저리 멱살 잡힌 채 끌려다니느라
눈물 또한 많았으나
이제는 끌려가지 않으려고 발버둥 칠 필요는 없다
결국 시간에게
저 늙은 시간에게
오밤중에 멱살 잡혀 끌려갈 날이 며칠 남지 않았다
어디로 끌려가는지
그곳이 어디인지 알 수 없어도
기쁜 마음으로 웃으면서 끌려가면
보고 싶은 어머니가 고깃국에 저녁상을 차려놓고
다정히 기다리고 계시지 않겠느냐

구걸

사랑도 돈도 구걸하지 않겠다고
목숨도 명예도 구걸하지 않겠다고
굳은 결심을 하며
배고프게 살아간 적이 있었으나
오늘은 목숨보다 돈을
돈보다 사랑을 구걸하러 다닌다
지하철을 타고 하모니카를 불며
목에 구걸의 플라스틱 바구니를 걸친
시각장애인 사내의 흰 지팡이가 되어
부지런히 객실마다 돌아다닌다
내가 톡톡 지하철 바닥을 두드릴 때마다
바닥에는 꽃이 핀다
승객들이 민들레처럼 피어나
동전이나 지폐를 바구니 속에 넣는다
어떤 승객이 소나무처럼 서서
무심코 내 가는 길을 가로막으면
톡톡 지팡이를 더 세게 두드린다
그러면 지하철에 함박눈이 내린다
승객들이 모두 눈사람이 되어 웃는다

찬송가를 연주하는 시각장애인의
하모니카 소리가 더 크게 들린다
언제 달려왔는지
십자가에 매달렸던 사내가 다가와
하모니카 소리 따라 노래를 부른다

사막을 건너는 법

당신을 만나기 전부터 당신을 사랑했듯이
사막을 건너가기 전부터 사막을 사랑하세요
사막을 건너가면서도 사막을 횡단하려 들지 말고
스스로 사막이 되어 천천히 걸어가세요
무엇보다도 혼자 걸어가는 것이 좋아요
함께 걸어가면서도 오로지 혼자 걸어가세요
목이 마르면 사막에 우물을 파서 한모금 들이켜고
누가 독극물을 넣을지도 모르니까
떠나기 전에 우물은 파묻어버리세요
사막을 건너가면서 행여 어머니를 잃어도 울지는 마세요
아기 예수가 찾아오면 아껴두었던 모유를 주세요
배고픈 사막여우가 찾아오면 손가락도 몇개 떼어주세요
누가 신발을 훔치러 오면 두 발 다 잘라주세요
사막에서는 분노도 온유(溫柔)일 뿐
당신을 배반한 이들이 다시 배반의 칼을 뽑아도
모래에 난 발자국을 지우고 낙타를 따라가세요
사막의 겨울밤이 깊어갈수록
낙타 똥으로 모닥불을 피우고 별을 바라보세요
당신을 만나기 전에 이미 당신을 사랑했듯이

먼저 사막의 푸른 별빛을 사랑하세요

오늘의 낙타

나의 방에는 낙타가 산다
밤이 깊으면 몽골 고비사막에서 걸어온
플라스틱 쌍봉낙타 한마리가
나의 사막을 걷고 있다
먼동이 틀 때까지 등에 나를 태우고
가시 돋은 낙타풀을 먹으며
사막 어디엔가 버려진 토불(土佛)을 찾아서
초승달도 잠이 든
길 없는 사막의 길을 걷고 있다
얼굴이 부서진
불국사 다보탑 돌사자가 울면서 따라온다
화엄사 각황전 돌사자도 말없이 따라온다
선암사 해우소에 빠졌다가
기어 나온 사람도 따라온다
돌아가신 내 어머니도 따라온다
과거에는 사막을 건널 수 없고
현재에는 사막을 건널 수 있다고
어머니가 고요히 말씀하신다

심부름

나를 키운 것은 심부름이었다
주전자에 막걸리 한되 받아 오라는
외상으로 두부 한모 사 오라는
옥이네에 곗돈 갖다주고 오라는
방앗간에 떡가래 다 뽑았는지 알아보고 오라는
심부름을 부지런히 다녔으나
외할머니 돌아가셨을 때는 이웃 동네 어른들에게
부고장을 전하는 심부름도 열심히 했으나
이제는 아무도 심부름을 시키지 않는다
심부름시키시던 분들이 다 돌아가셨다
그러나 나에게는 아직 해야 할 심부름이 남아 있다
당신이 마지막으로 시키신 심부름
나를 버리고
버린 나를 주워 또 버리고
당신을 온전히 사랑해야 할 일이 남아 있다

거미줄에서

나는 요즘 거미줄에 산다
거미줄에 맺히는 아침이슬로
거미줄에 걸리는 하루살이처럼
당신이 떠나시고 난 뒤
그 어디든 발 디딜 데가 없어
발 디디는 곳마다 허공이어서
찬 바람이 뚫고 지나가는
먹왕거미의 거미줄에서 산다
부처님 오신 날에도
그리운 어버이날에도
연등 하나 들고
붉은 카네이션 한송이 들고
거미줄에 살면 가난해도 가난하지 않다
그리워도 그립지 않다
그리움의 무게로 무거웠던 내가
날벌레처럼 가벼워진다
나는 이제 온전히 거미의 목숨
비 온 뒤 거미줄에 맺힌 작은 물방울
거미줄에서 뛰어내릴 내일은 없다

쥐

쥐눈을 닮았다고 쥐눈이콩
쥐똥을 닮았다고 쥐똥나무
죽지도 않았는데 쥐 죽은 듯
독 안에 들어가지도 않았는데
독 안에 든 쥐

머리에 뿔 난 적이 없는데
쥐뿔도 모른다니
인간의 말을 알아듣지도 못하는데
밤말은 쥐가 듣는다니

쥐야 미안하다
이 지구라는 작은 별에서
너와 함께 살아온 인간으로서
내가 진정 사과할게

바람의 눈물

바람이 분다
눈물이 그치지 않는다
우리는 아직 서로 밥이 되어주지 못하고
배가 불러도 밥을 빼앗아 먹기만 한다
우리는 아직 서로 빵이 되어주지 못하고
길가에 버려진 빵 한조각도 나눠 먹지 않는다
손은 밥과 빵을 먹기 위해 있는 것이 아니라
서로 잡아주기 위해 있는 것인 줄 알면서도
다른 사람의 손을 잡아주지 않는다
잡았다가도 일부러 놓아버린다
새들이 하늘을 날 수 있는 것은
하늘에 텅 빈 길이 있기 때문인 줄 알면서도
서로 길을 비켜주지 않는다
오늘도 인간을 닮아
새들이 하늘을 버리고 돌아오지 않고
바람은 눈물을 그치지 않는다

식물인간 향후추정서

아무도 사랑하지 않는 낙엽이 될 것이다
노란 은행잎으로 떨어져 거리의 발아래 짓밟힐 것이다
버스 정류장 앞 매대에 놓인 국화분이 되어
매연과 먼지에 숨 막힐 것이다
꽃다발을 들고 버스를 탄 소녀의 꽃이 되어
쓰레기통에 곧 버려질 것이다
버려진 채로 봄이 오지 않아도
잘 있으라고 고마웠다고 손 없는 손을 흔들 것이다
발이 없어도 지리산 둘레길을 휘적휘적 걸어갈 것이다
귀가 없어도 새소리를 들으며
소나무 방풍림을 따라 바닷가를 산책할 것이다
먼 섬 기슭에 뿌리 내린 풍란이 되어
그림자만 꽃으로 피어나
파도에 휩쓸려 사라질 것이다

요양병원

사람은 죽을 때까지 사랑하는 것이라는
당신의 말씀을 잊지 않고 있어요
오늘도 요양병원에 계신 당신이
제 전화를 받지 못하셔도
당신을 잊지 않는 일이 사랑하는 일이므로
전화 못 받으셔도 괜찮습니다
언제나 그리운 당신의 목소리가 들려오니까요
저는 밥 잘 먹고 다닙니다
굶고 다니지는 않습니다
부디 제 걱정은 하지 마시고
창밖의 날카로운 어둠을 두려워하지 마세요
아침마다 당신이 모이를 주시던 새들이 굶으면
당신도 굶으실 것 같아
제가 열심히 새들에게 모이를 주고 있어요
새들이 모이를 쪼아 먹을 때마다
고요히 혼자 웃으시던 당신의 웃음처럼
새들도 웃으면서 당신을 보고 싶어합니다
창밖은 어느새 어둠이군요
새들이 나뭇가지를 떨치고 밤의 골목으로 사라졌어요

사람은 죽고 나서도 사랑하는 것이라고
사람은 죽어서도 사랑해야 살 수 있다고
제 손을 꼭 잡고 하신 당신의 말씀
오늘도 잊지 않고 있어요

마지막 희망

나는 시들어도 꽃은 시들지 않기를 바란다
꽃봉오리가 피어나지도 못하고 꽃병에서 시드는 것을 보면
꽃이 시들기 전에 내가 먼저 시들기를 바란다

나는 사라져도 아침이슬은 사라지지 않기를 바란다
아침이슬이 풀잎하고 사랑도 나누지 못하고 사라지는 것을 보면
아침이슬이 사라지기 전에 내가 먼저 사라지기를 바란다

나는 햇살에 녹아도 눈사람은 녹지 않기를 바란다
눈사람이 하루도 제대로 살지 못하고 녹아내리는 것을 보면
눈사람이 녹아내리기 전에 내가 먼저 녹아내리기를 바란다

풀잎

풀잎이 쓰러진다 폭풍우에
쓰러졌다가 다시 쓰러진다
집이 흔들리고 거리가 흔들리고 가로수가 흔들린다
키 큰 왕벚나무가 뿌리째 뽑혀 쓰러진다
자동차가 물에 잠겨 떠다니고
풀잎도 물에 잠겨 보이지 않는다
사람들이 지붕 위에 올라가 울고 있다
며칠 뒤
해가 뜨고 물이 빠진다
쓰러진 왕벚나무가 트럭에 실려 어디론가 사라지고
사람들이 다시 지하철을 타러 간다
죽은 줄 알았던 풀잎이 서서히 고개를 치켜든다
키 큰 나무들은 쓰러져 일어나지 못해도
풀잎은 일어나 하늘을 우러른다
비바람이 나를 쓰러뜨리는 것은
다시 일어나라고 쓰러뜨리는 것이라고
울고 있는 사람들의 손을 잡는다

하동포구에서

모든 사랑은 하나다
사랑하는 사람들은 모두 하동포구에서 만난다
지리산이 섬진강을 만나듯
섬진강이 바다를 만나듯
사랑하는 사람들은 모두 하동포구에서 만나 하나가 된다
하동포구에서는 강물에 그물을 던지면
강물이 물고기처럼 그물에 걸린다
눈부신 햇살과 모래가 그물에 걸려 은어떼처럼 파닥거린다
강은 바다를 만나는 일이 평생에 가장 감사한 일이다
나도 당신을 만난 일이 평생에 가장 감사한 일이다
해 질 무렵
하동포구에서 바다를 따라 사라져가는 강물의 뒷모습만큼
아름다운 모습을 본 적이 없다
고향집 골목에서 젊은 어머니가 저녁밥을 짓기 위해
물지게로 물을 길어 가시는 뒷모습만큼
거룩한 모습을 본 적이 없다

극락조

새들이 날아왔다 내 가슴속으로
겨울 하늘에 조각구름처럼 떠 있는
내 가슴속으로
새들이 날아와 결국은 울었다

나도 한때 새의 가슴속으로 날아갔다
푸른 하늘에 뭉게구름처럼 떠 있는
새의 가슴속으로 날아가
울음을 터뜨린 적이 있었다

그날 어머니도 새와 함께 울었다
어머니만큼 새를 사랑한 이는 없다
나만큼 새에게 사랑을 받은 이는 없다

새들은 무엇이 되어 죽는가
나는 결국 꽃이 되지 못하고 죽는데
새들은 무슨 꽃이 되어 죽는가

| 해설 |

원숙함 너머의 미완

오연경

   정호승 시인은 등단 50주년을 지나 열다섯번째 시집을 펴내는 오늘에 이르기까지 한결같은 시세계로 독자들의 사랑을 받아왔다. 그러나 오랜 시력을 통해 쌓아온 세계가 절제와 균형, 갈등 없는 화해로 귀결될 것이라 기대한다면 의외의 면모에 당황할 수도 있다. 예술가의 말년 양식이 우리의 기대와 예상을 벗어나기도 한다는 것을 일찌감치 간파한 것은 에드워드 사이드였다. 사이드는 연륜에 따른 원숙함이나 포용력과는 반대로 해결되지 않는 모순과 비타협을 드러내는 말년의 특징을 망명의 형식이라 불렀다.* 정호승의 이번 시집에서 그가 지금까지 빚어온 시의 결을 거슬러 올라가는

---

* 에드워드 사이드 『말년의 양식에 관하여』, 장호연 옮김, 마티 2012.

파국이나 기존의 시세계와 불화하는 망명의 조짐을 쉽게 발견하기는 어렵다. 시인은 여전히 자신의 시의 본류인 서정의 영토에 깊이 뿌리내리고 있으며, 삶의 고통과 슬픔에서 사랑을 길어 올리는 특유의 시적 아이러니로 묵직한 성찰의 힘을 보여준다.

 그러나 정호승의 시가 한결같은 자리에 머물러 있는 것은 아니다. 서정시는 흔히 세계의 자아화를 특징으로 한다고 말해지지만, 그것이 세계를 주관화하여 일인칭의 그릇에 오롯이 담아낸다는 의미는 아니다. 시의 그릇에는 세계의 물살을 주워 담을 수 없다는 낭패감, 삶이 시의 자리를 궁지로 내몬다는 불안이 함께 담긴다. 황혼기에 접어든 정호승의 시에서 이러한 곤경이 더욱 생생하게 드러나는 것은 세계의 물살이 갈수록 거세어지기 때문만이 아니라 시의 자리가 삶과 함께 끊임없이 이동 중이라는 말년의 자각에서 비롯되었다. 나이 듦은 이미 자리 잡은 세계, 익숙한 삶의 방식에 정착하는 과정이라 생각하기 쉽지만 오히려 편안한 거주지를 상실하고 자신의 한계 밖으로 흘러넘치는 삶의 요구에 따라 동요하는 상태에 가깝다. 근래 정호승의 시에서 미묘하게 다른 온도가 감지된다면 그것은 말년성을 수락하는 시인의 자발적 동요, 달관과 애면글면 사이의 불일치를 봉합하지 않는 태도에 기인한 것이다.

*

『편의점에서 잠깐』을 펼치면 우리에게 먼저 익숙하게 다가오는 것은 삶의 의미를 돌아보는 차분한 관조와 사유의 목소리이다. 지난 세월을 돌아보는 담담한 어조에는 부조리한 세계에 맞서 사랑과 고통의 변증법을 노래해온 험난한 시간이 무르익어 있다. "나는 패배했기 때문에 살아남았다"(「패배에 대하여」) "어리석은 현명함은 나의 유일한 재산이다"(「어리석음에 대하여」) "물은 엎질러졌을 때 가장 깨끗하고 맛있다"(「엎질러진 물」) "사람은 내리막길을 걸어갈 때 가장 아름답다"(「내리막길」)와 같은 잠언이 시집의 곳곳에 맑은 얼굴로 박혀 있다. 세상의 질서와 논리를 뒤집어 역설적 가치를 깨닫게 하는 말들은 넘어지고 당하고 망가지며 살아남은 우리에게 선물 같은 위로를 전한다. "나 자신에 대한 믿음의 작은 절 한채 짓고/기도하고 기다리며 견뎌왔"(「아라연꽃」)다는 것은 포기하지 않고 끝까지 삶을 사랑한 이들의 자랑이다.

정호승의 이러한 시세계를 선명하게 집약해주는 것은 '가난한 마음'이라는 화두이다. 첫 시집에서부터 "슬픔의 가난한 나그네가 되소서"(「마음이 가난한 사람들에게」, 『슬픔이 기쁨에게』, 창작과비평사 1979)라는 희원을 품어온 시인은 바로 지난 시집에서는 "마음이 가난해지면 지옥도 나의 것이다"(「마음이 가난해지면」, 『슬픔이 택배로 왔다』, 창비 2022)라는 통찰에 이르렀다. 이번 시집에서도 시인은 "나 자신에게 한 약속/가난해지면 행복해진다는 약속을 지키게 해다오"(「새에게 부탁함」)라는 한결같은 희원을 간직하고 있지만 깨달음이나 구원과는 조금 다른 방향의 이야기를 들려준다.

마음이 가난해지기 위하여 침묵하기로 했다
침묵하면 내 입속에 가시연꽃이 핀다기에
침묵함으로써 내 마음이 가난해질 것으로 믿었다

침묵하기 위하여 마음이 가난해지기로 했다
마음이 가난해지면 마음속에 흰 구름이 흐른다기에
가난해짐으로써 침묵의 자세가 완성될 것으로 믿었다

연꽃은 피어나지 않고 입속에 먼지만 가득 쌓였다
마음속에 흰 구름은 흐르지 않고 먹구름만 잔뜩 끼었다
켜켜이 쌓인 먼지를 먹으며 마음이 가난한 스승을 찾아
죽기 전에 그의 제자가 되기 위해 눈길을 걸었다

눈길에 발자국을 버리며 걷는 사람이 있었다
저 멀리 수평선 위로 걸어가는 사람이 있었다
나는 그 사람이 내 가난의 스승이라고 확신하고
그를 좇아 부지런히 바다 위를 걸으며

마음이 가난한 사람만이 바다 위를 걸을 수 있다고
나도 이제 마음이 가난한 사람이 될 수 있다고
생각하는 순간 바다에 빠져 죽었다
—「마음이 가난해지기 위하여」 전문

화자는 마음이 가난해지기 위하여 침묵을 실천하기로 한다. "침묵하면 내 입속에 가시연꽃이 핀다" "마음이 가난해지면 마음속에 흰 구름이 흐른다"라는 선지자들의 말씀을 새기며 여태껏 그래왔듯이 자기 자신에 대한 믿음의 사원을 지어보려는 것이다. 그런데 말씀은 이루어지지 않고 연꽃 대신 먼지만, 흰 구름 대신 먹구름만 남았다. "침묵의 자세"를 완성하지 못한 화자는 "마음이 가난한 스승을 찾아" 나선다. 그리고 "저 멀리 수평선 위로 걸어가는 사람"을 발견하고 "그 사람이 내 가난의 스승이라고 확신하"며 그를 좇아간다. 이 예상치 못한 이야기의 전개를 따라가다 마지막 연을 읽는 순간 우리는 슬며시 웃음 짓게 된다. "마음이 가난한 사람만이 바다 위를 걸을 수 있다고" 믿은 화자가 바다에 빠져 죽는 장면은 이카로스의 추락처럼 우스꽝스럽고도 안쓰럽다.

가난한 마음을 시의 정수이자 영혼의 거처로 삼아온 시인은 왜 이렇게 허탈한 장면으로 시를 마무리했을까? 누군가를 무조건 믿고 추종한 어리석음이나 마음이 가난한 사람이 될 수 있다는 자신의 과신을 희화화한 것일 수도 있겠다. 하지만 이 시의 초점은 결말의 교훈이 아니라 동경과 좌절의 병치 그 자체에 있는 것 같다. 피터르 브뤼헐의 그림 「이카로스의 추락이 있는 풍경」처럼 시인이 전경화한 것은 비극적 장면을 배경으로 땅 위에서 밭을 갈고 죄를 지으며 살아가는 인간의 삶, 그러니까 실패를 거듭하는 미완의 삶이다. 완성의 순간이 곧 좌절의 순간으로 전환되는 이 의도된 미완에는 긴장을 이완시키는 약간의 유머가 깃들어 있다. 말년성에는 비극의 측면만이 아니라 유희의 측면도 있다. 마음의 가난을 그토록 염원하며 정진해온 시인은 뜻대로 되지 않는 좌절과 실패를 비극적으로만 인식하지 않는다. 삶의 의미를 좇는 구도의 길에서 같은 실수를 반복하고 감정에 휘둘리며 쉽게 상처받는 인간에 대한 깊은 연민이 웃을 수 있는 공간을 완충지대로서 마련해둔 것이다.

*

이번 시집에는 아름답고 절제된 언어로 사랑과 용서를 다짐하는 시들과 끝내 다스려지지 않는 부정적 감정을 숨기지 않고 고백하는 시들이 공존한다. 우리는 "사랑은 용서로써 완성된다는 것을 잊지 않게 해주세요"(「용서를 위한 기도」)라는 경건한 기도에 귀 기울이다가 "나는 결국 사랑보다 증오의 사람입니다"(「당신의 잔」)라는 인간적인 고백을 듣게 된다. 마음의 혼란을 해소하거나 승화시키려 애쓰기보다 "흘러가는 마음을 붙잡지 말고/흘러온 마음을 내쫓지 말고"(「기도하는 법」) 그냥 내버려둘 때 결핍과 미완의 삶을 감싸 안는 여유가 생겨난다. 「마음의 주인」에서 시인은 "마음의 주인이 되라"는 법정 스님의 말씀에 따라 자기 마음의 주인을 찾아다녔지만 "이제 마음의 주인을 만나고 싶지 않다"고 말한다. "한때는 목숨까지 바치려고 했으나/어제도 오늘도 내일도 그를 만나지 못하고/송광사 불일암에 봄눈만 내렸다"(「마음의 주인」)라는 시의 종결은 결사적인 구도의 자세에서 모든 것을 내려놓고 응시하는 자세로의 변화를 보여준다.

이러한 화해 없는 응시는 말년성을 수락하는 데서 비롯된 것이다. 시인은 마음의 주인이 되는 데 실패한 자신을 위로하거나 절망적 상황을 조화로운 방향으로 통합하여 새로운 의미를 부여하지 않는다. 마음의 주인이 되지 못한 채 봄눈을 맞으며 세상에 내려가 마음의 변덕에 시달리며 살아갈 시간을 응시할 뿐이다. 이처럼 불완전하고 불가해한 삶을 그대로 남겨두는 말년의 양식은 경전의 진리나 선인의 말씀이 이끄는 깨달음의 자리를 떠나 삶의 우연과 무의미가 덮치는 순간으로 옮겨 간다.

이미 우리의 계산은 다 끝났다
우리는 서로의 이익을 계산하다가 돌아서서
결국 무엇이 순익(純益)인지 알지 못하고

> 사랑이 죽음이 되는 시간은 흘러
> 오늘 편의점 계산대 앞에서 다시 만났으나
>
> 당신이 산 캔맥주는 당신이 계산하고
> 내가 산 컵라면은 내가 계산한다
> 편의점에서 사랑을 판매한다 해도
> 할인가로 사랑을 살 수 있다 해도
> 우리는 다시 사랑할 수 없는 불량품
>
> 오늘 밤 편의점의 흐린 불빛은
> 우리가 함께 거닐었던 항구의 불빛처럼 쓸쓸하다
> 잘 가라 우리가 비록 편의점에서 잠깐 만났다 할지라도
> 부둣가를 밝히는 검은 불빛을 따라
> 또다시 밤배는 떠나간다
> ―「편의점에서 잠깐」 부분

화자는 "늦은 밤 편의점 계산대 앞에서" 옛사랑과 마주친다. 24시간 고객의 편의를 위해 존재하는 자본주의적 공간에서 "캔맥주"와 "컵라면"이라는 각자의 일상적 필요가 우연한 만남을 주선한 것이다. "죽기 전에 잠깐 당신을 만날 수 있다니"라는 놀라움에는 예기치 않은 이 순간의 의미를 확정하지 못하는 당혹감이 담겨 있다. 그런 의미에서 "이미 우리의 계산은 다 끝났다"라는 문장은 중의적으로 읽힌다.

'당신'과 '나'는 원래의 목적이었던 각자의 물건값을 계산하면서 동시에 이 우연한 만남의 의미와 순익에 대한 계산을 끝냈을 것이다. 그러나 후자의 계산은 딱 떨어지지 않는다. 궁금하지도 않은 부모님 안부로 채운 공허한 대화가 "사랑이 죽음이 되는 시간"을 일깨워주었지만 "그토록 사랑했던" 마음과 "그토록 미워했던" 마음은 계산 불가능한 "불량품"이 되었다.

우연은 모든 의미와 감정을 무화하는 시간의 힘을 보여주기 위해 들이닥친다. 그러므로 이 시의 우연한 만남에는 어떤 완결된 의미나 화해로운 결말이 주어지지 않는다. 시인은 "우리가 함께 거닐었던 항구의 불빛"과 "오늘 밤 편의점의 흐린 불빛"을 하나의 성근 이미지로 묶어 보여줄 뿐이다. 이처럼 덜 말하면서 여백을 열어놓는 미완의 방식은 독자로 하여금 나머지 의미의 조각을 채우게 만든다. 그리하여 계산, 맥주, 라면, 순익, 할인가로 이루어진 편의점 공간이 항구, 불빛, 부둣가, 밤배와 같은 서정적 기표와 만나는 순간 독자는 "잘 가라"라는 인사의 의미를 알게 된다. 그것은 우연히 만난 '당신'에게 건네는 작별 인사이자 또다시 밤배와 함께 떠나갈 '오늘'에게 보내는 이른 작별 인사인 것이다.

오늘 서 있는 이 자리는 우연히 주어진 것이며 불시에 쫓겨날 수도 있는 자리이다. "오늘도 나는 견인되었다"(「견인(牽引)」) "오늘도 나는 축대에 깔려 또 죽었다"(「축대」)라는 시인의 고백은 주체의 고정 불가능성을 드러낸다. 이 불안

정한 변동성 덕분에 우리는 다른 곳으로 옮겨져 새롭게 자기 자신이 되는 방식을 연마할 수 있다. 나이 듦은 안정되었다고 생각하는 자리에서 우리를 추방하여 타자가 될 기회를 준다. "끌려가지 않으려고 앙버티지 말고/침이 튀고 단추가 떨어지고 구두 한짝이 벗겨져도/멱살 잡힌 채로 웃으면서 끌려가라"(「나의 멱살에게」)라는 말은 죽음을 향해 가는 시간에 순응하라는 당부와 함께 새로운 해방에 대한 은밀한 기대를 품고 있다. 자신이 쌓은 축대에 깔려 무너지고 불법주정차 단속에 걸려 끌려가더라도 '지금까지의 오늘'에서 '지금까지와는 다른 오늘'로 다시 가보자는 것이다.

*

정호승은 죽음에 대한 사유를 통해 현재에 도착한다. 시간에 멱살 잡혀 끌려가는 곳은 인식할 수 없는 사후 세계가 아니라 자기로부터 해방될 수 있는 오늘의 장소이다. "나는 과거라는 이름으로 이미 죽었"(「어제에게 받은 편지」)고 "당신이 내일 나를 기다린다면 나는 그곳에 없"을 것이므로 "나는 언제나 당신이 살고 있는 오늘에 있"(「내일에게 받은 편지」)다. 죽음은 어제와 다른 장소로 옮겨지는 삶이며 내일을 기약하지 않는 오늘의 삶이다. 「빈 술병」은 시인이 죽음이라는 오늘의 삶을 어떻게 살아내는지 보여준다.

나는 빈 술병만 보면 꽃을 꽂는다
빈 술병에 꽃을 꽂으면 죽은 꽃이 살아난다
죽은 모든 꽃이 살아나 향기롭다

죽었다가 다시 살아나는 꽃을 보면서
나는 빈 술병에 가득 든 술을 마신다
밤새도록 마신다

마시면 마실수록 빈 술병에는 술이 가득하다
부디 말리지 마라
나를 사랑한다고 걱정하지 마라

나에게도 만취의 순간이
나의 일생일 때가 있다
죽은 꽃이 계속 피어날 때가 있다

―「빈 술병」 전문

 술병의 원래 용도는 술을 담는 것이지만 빈 술병의 용도는 자유롭게 결정할 수 있다. 빈 술병에 꽃을 꽂는 것은 일상적인 일이다. 그런데 "빈 술병에 꽃을 꽂으면 죽은 꽃이 살아난다"라는 문장은 일상의 논리에서 이탈해 있다. 애초에 빈 술병에 꽂은 꽃은 죽은 꽃이 아닐 것이다. 그러니까 여기서 주목해야 할 것은 죽은 꽃이 살아났다는 부활의 역설이 아니라 그냥 꽃을 꽂았을 뿐인데 어디선가 생겨난 "죽은 꽃"의 존재이다. 게다가 한송이의 "죽은 꽃"이 아니라 "죽은 모든 꽃"이 살아나 향기로 가득해진다. 여기서부터 '있음'과 '없음'에 대해 다른 방식으로 생각해볼 필요가 있다. "술병"이 술이 들어 있는 병이라면 "빈 술병"은 술이 없어진 공간에 생겨난 빈자리를 가리킨다. 그렇다면 "빈 술병에 가득 든 술"은 애초에 들어 있던 술과는 다른 술, 술이 없어지고 나서야 그 자리에 있게 된 술이다.

 이렇게 술병과 빈 술병 사이에서 있음과 없음이 자리바꿈을 하는 것처럼 살아 있음과 죽어 있음도 서로의 가능성을 교환한다. 빈 술병에서 살아난 "죽은 꽃"은 평소에는 잠재되어 있던 꽃의 가능성으로 빈 술병에 꽂히는 순간 현실태로 피어난 것이다. 화자는 "죽었다가 다시 살아나는 꽃을 보면서" "빈 술병에 가득 든 술을" "밤새도록 마신다". 빈 술병의 술은 진짜 술과 달리 비어 있음이 본질이어서 마셔도 마셔도 사라지지 않는다. 오히려 "마시면 마실수록" 계속 비워져서 점점 더 가득해진다. 우리는 인생을 술병 속의 술을 마시는 일처럼 여겨서 시간을 다 소진하면 언젠가 죽음이라는 바닥에 이를 것이라 생각한다. 하지만 술이 사라짐과 동시에 빈자리가 생겨나며, 비어 있는 자리에 가득 찬 술은 마실수록 더 채워진다. 이 사실을 모르고 만류하는 이들에게 "부디 말리지 마라" "나를 사랑한다고 걱정하지 마라"라고 당부하며 화자는 "만취의 순간"에 도달한다.

이 만취 상태는 '나'로 존재하는 일의 수고로움을 내려놓고 자신의 한계 너머 다른 가능성으로 이동하는 망명의 삶이다. 정호승 시인은 바야흐로 "만취의 순간이/나의 일생일 때"를 맞이하고 있다. 자연의 질서에 속하는 병과 죽음의 때가 아니라 "죽은 꽃이 계속 피어날 때"가 바로 시인의 말년이다. 오래전 우리에게 "사랑보다 소중한 슬픔"(「슬픔이 기쁨에게」, 『슬픔이 기쁨에게』)을 주었던 시인은 이제 슬픔보다 아름다운 죽음을 주려 한다.

새들이 하늘을 버리고 땅속에서도 살 수 있다고
땅속으로 날아간다

물고기가 강을 버리고 물 밖에서도 살 수 있다고
뭍으로 달려간다

연꽃이 연못을 버리고 길 위에서도 피어날 수 있다고
골목길로 걸어간다

사람들이 지옥에서도 살 수 있다고
지옥에서는 사랑하지 않아도 살 수 있다고 지옥으로 찾아간다

내가 찾아가기 전에 언제나

나를 먼저 찾아와 기다리던

내 그림자도 내가 없어도 살 수 있다고
기어이 나를 떠난다

—「슬픔의 그림자」 전문

    새들도 물고기도 연꽃도 사람도 모두 죽으러 간다. 삶을 보장해주는 안정적인 거주지를 버리고 다른 존재자들의 자리로 이동한다. 누군가에겐 평화롭고 안전한 장소가 다른 누군가에겐 생명을 위협하는 장소가 될 수 있다. 그럼에도 고통스러운 결핍을 다른 존재자들에 대한 이해의 자리로 겪어낸다면 "죽었다가 다시 살아나는 꽃"(「빈 술병」) "내 존재의 가장 아름다운 꽃"(「아라연꽃」)을 피우게 될 것이다. 그러니 빈 술병을 들고 죽으러 가자. 시인이 마련한 빈 술병은 아무리 마셔도 채워지지 않을 테니 새와 물고기와 연꽃과 사람들, 그리고 내 슬픔의 그림자와 함께 만취의 기쁨을 누려보자.

                                                        吳姸鏡 | 문학평론가

| 시인의 말 |

 신작 시집으로는 열다섯번째, '창비시선'으로는 열두번째 시집이다. 시인에게는 그 무엇보다도 시집을 출간하는 일이 가장 기쁜 일이다. 내 인생에 열다섯번의 큰 기쁨을 선물해주신 절대자에게 감사드린다.

 특별히 이번 시집 출간의 기쁨은 크다. 지난번 『슬픔이 택배로 왔다』 출간 이후 더이상 시를 못 쓰게 될 줄 알았다. 50여년 동안이나 시를 써내 시의 샘이 말라버렸다고 여겼다. 누가 그 샘을 파묻어버린 게 아니라 아예 수원지(水源池)가 고갈되었다고 여겼다.

 그래서 한동안 시의 샘 근처에는 얼씬거리지도 않았다. 그러나 사람이 죽지 않고 살기 위해서는 물과 밥을 먹어야 하듯 시인도 죽지 않으려면 시를 생각하고 써야 했다.

 시를 쓰기 시작하자 말라버린 시의 샘에 조금씩 물이 고이기 시작했다. 그 물을 꾸준히 퍼내자 샘은 마를 듯하다가 마르지 않았다. 퍼내면 퍼낼수록 샘물이 자꾸 고여 이 시집을 출간하게 되었다. 이제 죽음이 찾아오지 않는 한 내 시의 샘은 마르지 않을 것이다. 인간이 시를 사랑한다기보다 시가 인간을 사랑한다는 믿음이 더욱 커졌다.

   시인은 시를 통해 진실을 말하려고 노력한다. 나 또한 시를 통해 이 시대를 사는 인간과 인생의 비밀에 대해 진실을 이야기하고자 한다. 그러나 은유의 숲에 숨어 진실을 숨긴 침묵의 부분이 없지 않다.

   무함마드는 "두조각의 빵이 있는 자는 그 한조각을 수선화와 맞바꿔라. 빵은 몸에 필요하나 수선화는 마음에 필요하다"라고 했다.

   나는 이 시집이 당신의 마음에 필요한 수선화가 되길 바란다. 사랑이 결핍되고 증오가 팽배한 이 시대에 시의 모성적 사랑의 가슴은 따뜻하다.

   이번 시집에 실린 시 백스물다섯편은 스물다섯편을 제외하고는 모두 미발표 신작시다. 시집 출간도 신작시를 발표하는 하나의 장(場)으로서의 의미를 지닌다.

2025년 가을을 기다리며
정호승

창비시선 522
편의점에서 잠깐

초판 1쇄 발행/2025년 8월 29일
초판 3쇄 발행/2025년 11월 14일

지은이/정호승
펴낸이/염종선
책임편집/이진혁 박문수
조판/신혜원
펴낸곳/(주)창비
등록/1986년 8월 5일 제85호
주소/10881 경기도 파주시 회동길 184
전화/031-955-3333
팩시밀리/영업 031-955-3399 편집 031-955-3400
홈페이지/www.changbi.com
전자우편/lit@changbi.com

ⓒ 정호승 2025
ISBN 978-89-364-2522-7 03810

* 이 책 내용의 전부 또는 일부를 재사용하려면
  반드시 저작권자와 창비 양측의 동의를 받아야 합니다.
* 책값은 뒤표지에 표시되어 있습니다.